Ramesh S. Balsekar · Erleuchtende Briefe

ERLEUCHTENDE BRIEFE

RAMESH S. BALSEKAR

Verlag Alf Lüchow

Titel der amerikanischen Ausgabe:
CONSCIOUSNESS WRITES by Ramesh S. Balsekar
1. Teil: Consciousness writes,
2. Teil: From Consciousness to Consciousness
© Copyright 1993 und 1989 by Ramesh S. Balsekar
First published in U.S.A.

Aus dem Englischen übersetzt von
F. B. und I. B.

Die Deutsche Bibliothek – CIP-Einheitsaufnahme

Balsekar, Ramesh S.:
Erleuchtende Briefe / Ramesh S. Balsekar. [Aus dem Engl.
übers. von F. B. und I. B.]. – 1. Aufl. – Freiburg i. Br. :
Lüchow, 1994
    Einheitssacht.: Consciousness writes <dt.>
    ISBN 3-925898-27-1
NE: Balsekar, Ramesh S.: [Sammlung]

1. Auflage 1994
© Copyright der deutschen Ausgabe 1994
by Verlag Alf Lüchow, Freiburg i. Br.
Alle Rechte vorbehalten

Umschlaggestaltung: Atelier Wolfgang Traub, Sulzburg
Satz: Fotosetzerei G. Scheydecker, Freiburg i. Br.
Druck und Bindung: Freiburger Graphische Betriebe
Gedruckt in Deutschland
ISBN 3-925898-27-1

Danke, Guru

Inhaltsverzeichnis

Vorwort 9

TEIL 1
Von Bewußtsein zu Bewußtsein
Anmerkung des amerikanischen Herausgebers 17
Die Briefe 23

TEIL 2
Briefe von Ramesh
Anmerkung des amerikanischen Herausgebers 71
Einführung 75
Der Guru 85
Die Schüler 101
Die Briefe 113
   Brief an RS 117
   Brief an MN 118
   Briefe an CD 120
   Brief an TQ 122
   Brief an KL 125
   Briefe an GH 128
   Briefe an AB 133
   Briefe an OP 139
   Briefe an IJ 148
   Briefe an EF 157
Postskriptum 172
Glossar 184
Bibliographie 188

Vorwort

Dieses Buch besteht aus Briefen, die von einem Guru in Indien an seine Schüler in Europa und Amerika geschrieben wurden. Die Lehren des Gurus sind in ihrer Essenz extrem einfach und gleichzeitig doch sehr tiefsinnig. Da sie von unserer normalen Denkweise so sehr abweichen, müssen sie dem ernsthaft Suchenden bei seinem Versuch, sie zu verstehen und zu erfassen, vom Guru immer wieder und auf verschiedene Weise präsentiert werden.

Der Guru ist Ramesh S. Balsekar, geboren in Bombay, ausgebildet im Westen, ein ehemaliger Bankier. Seine ausgiebige Kenntnis westlicher Werte gibt ihm ein tiefes Verständnis von der speziellen Natur der Probleme, die die westliche Gesellschaft mit sich bringt. Seine daraus resultierende Fähigkeit, die Lehren auf verständliche und vertraute Weise darzulegen, wissen seine westlichen Zuhörer sehr zu schätzen.

Die Lehre wird als »Advaita«, Nicht-Dualität, bezeichnet. Im Gegensatz zu der praktisch universellen Auslegung, daß die Realität von dualer Natur – also rauf und runter, hier und dort, jetzt und später, schwarz und weiß, gut und schlecht, Ich und alles andere – ist, zusammen mit all den anderen, polaren Gegensätzen, die in der Realität zu finden sind, lehrt Advaita, daß es nur Eins gibt, das Absolute, das Bewußtsein, und daß die angebliche Dualität der Natur lediglich eine Erscheinung in eben diesem Bewußtsein ist, das wir alle sind. Diese Lehre ist uralt und doch so zeitgemäß. Sie schließt die neusten wissenschaftlichen Erkenntnisse ein und bietet dadurch starke, intellektuelle Unterstützung einer nicht-dualen Interpretation der Natur.

Ein gutes intellektuelles Verständnis kann für den Neuling von Advaita sicherlich von Vorteil sein, doch das wahre Verständnis, welches das endgültige Ergebnis der Lehren darstellt, transzendiert den Intellekt, das konzeptionelle Denken, das sich zwischen den Verstand und die Realität gestellt hat. Den Intellekt zu transzendieren widerspricht völlig jeglicher konventioneller Weisheit und wurde darum generell ignoriert. Daraus resultierte, daß die Lehren des Advaita trotz ihrer langen Vergangenheit recht unbekannt geblieben ist.

Ramesh verbrachte den größten Teil seines Lebens in Bombay, der gleichen Stadt, in der einer der großen Lehrer des Advaita, Sri Nisargadatta Maharaj, lebte. Ramesh war für Jahrzehnte ein Suchender und für die meiste Zeit hatte er einen Guru, der nicht Advaita lehrte. Er kam schließlich mit Advaita in Berührung, als er seinen wahren Guru, Maharaj, fand, der schon immer nicht weit von Rameshs Haus gelebt hatte. So geschah es also, daß Advaita sich selbst für die eifrigsten Sucher, ihrer Suche entzogen hatte. Andererseits sind nicht alle, die mit der Lehre in Berührung kamen, interessiert genug, um sie weiter zu verfolgen. Wie die Lehre selbst sehr deutlich macht, vertieft sich niemand in Advaita als Ergebnis seiner freien Entscheidung, sondern lediglich, weil es so in der Programmierung des Universums vorgegeben ist.

Ein Brief vom Guru ist eine unpersönliche persönliche Darbietung der Lehren für den Schüler. »Unpersönlich«, weil sein Ursprung keine individuelle Person ist, als die der Guru normalerweise betrachtet wird, und »persönlich«, weil sie an die individuelle Person mit ihrer spezifischen eigenen Sammlung von scheinbaren Schwierigkeiten gerichtet ist, diese Person, für die der Schüler sich hält. Advaita beinhaltet keine Dogmen oder Doktrinen. Bezogen auf diese Briefe, schreibt das Bewußtsein in der Gestalt des Gurus, worauf es programmiert wurde zu schreiben, und das Bewußtsein in der Gestalt des Schülers liest und reagiert entsprechend seiner Programmierung. In diesem Ablauf, der sich als Guru und Schüler identifiziert hat, wird die Essenz von Advaita illustriert: Im Gegensatz zu unserer Konditionierung von dem, was wahr ist, gibt es keine Person, kein Ego, das schreibt oder liest. Es gibt nichts außer Bewußtsein, und alles im Universum ist lediglich eine Erscheinung im Bewußtsein. Wirkliches Verstehen erwächst aus dem intuitiven Erfassen, daß alle Ereignisse einfach geschehen, ohne daß ein Ego oder ein Täter etwas damit zu tun haben.

Vorwort

Rameshs Briefe sind eine der Möglichkeiten, die Aufmerksamkeit des Schülers in der bestimmten Art und Weise auf das Wahre Verstehen auszurichten, die die augenblicklichen Bedürfnisse des Schülers am besten befriedigen. Rameshs Fähigkeit zu schreiben ermöglicht dem Leser, seine Aufmerksamkeit gezielt auf die Auslegungen zu fokussieren. Da die Lehre eng mit den Geschehnissen des Alltags verwoben ist, wird sie gewöhnlich in einer Weise präsentiert, die den Anmerkungen des Gurus besondere Bedeutung in bezug auf die Geschehnisse im Leben des Empfängers zu dem Zeitpunkt geben. Ramesh erzählt außerdem interessante Ereignisse aus dem Leben anderer Schüler, auf die sich der Empfänger des Briefes beziehen kann.

Die Briefe sagen auch viel über ihn selbst aus. Ramesh gibt uns nicht nur einen Einblick in die enge Beziehung zu seinem eigenen Guru, in seiner wortgewandten Art erzählt er auch Geschichten (die nicht nur interessant, sondern auch sehr unterhaltsam sind) über seine Beziehung zu seinen Schülern. Aus seinen Briefen an seine Korrespondenten geht deutlich hervor, wie geduldig und mitfühlend er auf die Begrenzungen und Fähigkeiten eines jeden einzelnen eingeht.

Auch wenn der Inhalt eines jeden Briefes auf die unmittelbaren Bedürfnisse des jeweiligen Empfängers ausgerichtet ist, so hat Ramesh oft Kopien von Briefen an andere Korrespondenten geschickt und ihnen dadurch eine wesentlich umfassendere Illustration der »gelebten Lehre« verliehen, auch wenn der Brief ursprünglich als eine Antwort auf ganz spezielle Umstände gedacht war. So können auch in einem Seminar, wenn Ramesh eine bestimmte Frage beantwortet, alle anderen Teilnehmer von den Worten des Gurus profitieren. Durch die Veröffentlichung seiner Briefe sind Rameshs Lehren auf diese wundervolle Weise allen zugänglich gemacht worden, die an Advaita interessiert sind.

Dieses Buch besteht aus zwei Büchern: Das erste wurde unter dem Titel *From Consciousness To Consciousness*[1] veröffentlicht.

---

[1] Bei den im Text genannten Büchern handelt es sich im folgenden stets um die Ausgaben in englischer Sprache. Ob die jeweiligen Bücher bereits in deutscher Sprache erschienen sind und unter welchem Titel, das entnehmen Sie der Bibliographie.

Erleuchtende Briefe

Hierin sind 13 Briefe enthalten, die Ramesh 1987 und 1988 innerhalb von sieben Monaten an einen einzelnen Empfänger geschrieben hat. Die Briefe dokumentieren eine relativ kompakte Vermittlung der Lehre und die daraus resultierenden Ereignisse im Leben eines einzelnen Schülers. Dieses Buch wurde 1988 innerhalb weniger Monate zusammengestellt und veröffentlicht und beinhaltet nun TEIL 1 dieses Buches.

TEIL 2, auch wenn er im Grunde genommen gleichen Inhalts wie TEIL 1 ist, baut auf einer breiteren Basis an Material auf und unterscheidet sich in der Art seiner Präsentation, doch zu einem großen Teil ergänzen sich die beiden Bücher. TEIL 2 ist die Endfassung des Buches *Letters From Ramesh*, das über einen Zeitraum von vier Jahren, 1989 bis 1993, einen langsamen, wechselhaften Prozeß evolutionärer Entwicklung durchlief. 1990 erschien eine vergleichsweise kurze Ausgabe für diejenigen, mit denen Ramesh im Briefwechsel steht und deren Briefe von Ramesh in diesem Buch erschienen. Die derzeitige, erweiterte Ausgabe beinhaltet außer dem Teil mit den Briefen noch vier weitere Teile, in denen einige Elemente, die mit dem Guru und den Lehren und deren Rolle im Ablauf der Korrespondenz verbunden sind, untersucht werden. Elf Schüler sind durch ihre Briefe vertreten, die sie von Ramesh erhielten, und/oder durch die Briefe, die sie an Ramesh geschrieben haben. Die vorliegenden Briefe (einschließlich der Auszüge, die in dem Kapitel »Der Guru« erscheinen), wurden in den sieben Jahren von 1986 bis 1993 geschrieben. Schließlich wurde das Buch Anfang 1993 privat unter dem Titel *Consciousness Writes* veröffentlicht. Es wurden nur 50 Exemplare gedruckt. Die meisten davon wurden im Kovalam-Seminar in Südindien im Februar/März 1993 verteilt.

Der Titel des Buches *Letters From Ramesh* wurde von Ramesh im Dezember 1992 in *Consciousness Writes* umbenannt, um es als ein Pendant zu seinem vor kurzem erschienenen Buch *Consciousness Speaks* (Gespräche mit seinen Schülern) erscheinen zu lassen. Damit diese Funktion erhalten bleibt, wurde der neue Titel auf dieses Buch übertragen und der frühere Titel bezeichnet nur das Material, das vor kurzem erweitert wurde und nun in Teil 2 erscheint.

Vorwort

Daß die Briefe von Ramesh ins Deutsche übersetzt werden sollen, erscheint wie ein natürliches Ergebnis einer langen und engen Verbindung zwischen dem Guru und seinen deutschen Schülern. Ramesh schreibt: »...mir war der deutsche Charakter durchaus vertraut (den ich allgemein sehr bewundere) ...«. Deutsche zählten zu seinen ersten Schülern. Zwei der Briefschreiber in diesem Buch sind Deutsche. Und ganz offensichtlich macht es Ramesh Spaß, in seinen Briefen von den Ereignissen unter seinen deutschen Schülern zu berichten, besonders vom Seminar in Kovalam Beach. Ramesh hat, zusätzlich zu der generellen LIEBE des Guru für jeden seiner Schüler, eine spezielle Affinität für die »Deutsche Gruppe.«

So wird nun der Ausdruck der LIEBE in diesen Briefen auch dem deutschen Leser zugänglich, der nicht der englischen Sprache mächtig ist.

TEIL 1

VON BEWUSSTSEIN ZU BEWUSSTSEIN

Es gibt nichts ausser Bewusstsein

Anmerkung
des amerikanischen Herausgebers

Als Ramesh 1987 nach seinem ersten Besuch in den Vereinigten Staaten nach Indien zurückkehrte, hatte ich nicht vor, mit ihm in Briefkontakt zu bleiben. Es gab nicht den geringsten Zweifel: In ihm hatte ich zu guter Letzt meinen Wahren Guru gefunden. Einige Monate bevor er wieder zurückkam, wuchs das Bedürfnis, mit ihm zu kommunizieren. Für mich war ganz klar, daß unsere Kommunikation über eine solche Entfernung per Telefon geschehen sollte, denn ich war der Meinung, daß der direkte, verbale Austausch weniger vom Ego beeinflußt würde, erforderte er doch mehr Spontaneität als das Briefeschreiben. In diesem Austausch gab es für mich längere Zeiträume der Vorbereitung, wobei Niederschriften entstanden, die wieder und wieder durchgesehen werden konnten.

Auf meinen ersten Anruf hin reagierte Ramesh mit einem Brief. Ich antwortete ihm mit einem Brief, weil mich ganz einfach ein starkes Bedürfnis danach überkam. Doch in meinem zweiten Brief war das Ego wieder in voller Aktion; ich schrieb Ramesh: »Vor Jahren, als ich Forschungsberichte schrieb oder Lehrmaterial vorbereitete, fixierte sich mein Verstand darauf, mit dem Konzept herumzuspielen. Wie erwartet, hat der Verstand das gleiche bei diesem Brief gemacht. Er will einfach nicht loslassen. Selbst wenn die Worte bereits niedergeschrieben worden sind, muß der Verstand sie wiederkäuen und zieht daraus eine Art von zerstörerischem, suchtvollem Vergnügen.« So geschah also genau das, was die ursprünglichen Bemühungen zu vermeiden versuchten: »Briefe zu schreiben (selbst an meinen Guru) hatte offensichtlich eine starke, erbarmungslose, egoistische Kraft in Bewegung gesetzt. Ich genieße die Vorstellung, wie Du darauf ›reagieren‹ wirst – selbst auf diese Worte.«

Erleuchtende Briefe

Die Wurzel dieses so schmerzvollen und verwirrenden psychologischen Zustandes ist die unerschütterliche Überzeugung, daß ich der Autor dieser Briefe bin und daher, wie heimlich es auch ausgeführt werden mag, Anerkennung für diese Leistung suche. Die unglaubliche Hartnäckigkeit solch einer Überzeugung zeigt sich besonders in der widersprüchlichen Koexistenz einer angeblich vollständigen, intellektuellen Übereinstimmung mit den Lehren des Advaita: daß ich nicht der Initiator irgendwelcher Handlungen bin, die durch diesen Körper-Verstand geschehen.

Auch wenn die Faszination des häufigen Briefeschreibens immense Sorgen mit sich brachte, der Zwang es fortzuführen, war unwiderstehlich. Dann kam die Idee, Rameshs Briefe zusammenzufassen, zu redigieren (die Teile herauszusuchen, die auf mich den stärksten Eindruck gemacht hatten und daher als am repräsentativsten für die Lehren erachtet wurden), sie in die Maschine zu tippen und zu binden, damit ich die Lehren jederzeit zur Hand haben konnte. Als Ramesh in die Staaten zurückkehrte, übergab ich ihm eine Kopie als Ausdruck meiner Dankbarkeit für die Lehren. Ohne weitere Details zu erwähnen, wurde Ramesh von mir unterrichtet, daß ein geplantes Projekt ausgeführt werden würde, egal wie stark auch immer der egoistische Impuls in dem Vorhaben zu sein schien.

Rameshs Antwort lautete: »... Du hast intuitiv erfaßt, was ich mit so vielen Worten ausgedrückt habe, wenn Du sagst: ›... Ich plane, dieses Projekt auszuführen (egoistisch oder nicht) ...‹. Die bedeutungsvollen Worte dabei sind ›egoistisch oder nicht.‹ Sie sind deshalb bedeutungsvoll, weil sie anzeigen, daß das Ego seinen Terror, seine Gewalt, verloren hat. Egoistisch oder nicht ..., wen kümmert das?! Das ist der entscheidende Punkt, mein lieber Freund. Warum sich um das Ego kümmern? Laß es in Ruhe ...«.

So hat dieses Buch seit seinem frühesten Entwurf als Konzept dem Guru als ein Instrument zur Förderung des Verstehens gedient. Ich war mir ganz und gar nicht der Bedeutung dessen bewußt, was ich Ramesh über das »gefürchtete Ego« geschrieben hatte. Der Guru machte mir deutlich, daß die Angst vor dem Ego das eigentliche Problem ist. In einem späteren Brief gab er eine weitere Klärung dieses Punktes: »Mit Freude habe ich festgestellt,

Anmerkung des amerikanischen Herausgebers

daß Du Dir in letzter Zeit einer wachsenden Akzeptanz des Ego bewußt geworden bist ... Deine Versuche, das Ego zu unterdrücken, waren nichts weiter als ein Abwenden vom Ego, was das Besessensein von dem Ego nicht nur verstärkte, sondern dem konzeptionellen Ego Gestalt gab.« Darin liegt die Essenz der Lehren: Nicht im Widerstand, im Vermeiden oder in der Unterdrückung liegt die Befreiung, sondern im Annehmen. Wenn am Ende die selbstzerstörerischen Einflüsse des Ego eliminiert worden sind, dann umarmt die Akzeptanz alles. Doch in diesem bestimmten Fall begann die Akzeptanz mit Hilfe des Gurus, seinen Briefen und diesem Buch durch erste Schritte hin zum Annehmen des größten Hindernisses der Akzeptanz: dem Ego selbst.

Nachdem ich Ramesh das kleine Büchlein überreicht hatte, sah er in dem Buch ein Potential, von dem andere »Suchende« profitieren könnten, und schlug vor, es zu veröffentlichen. Die erste Auflage erschien 1988 und eine zweite 1989. Während der Veröffentlichung ergaben sich einige Veränderungen im Text. Die vorliegende Version des Textes in TEIL 1 basiert auf dem Originalmanuskript, das Ramesh überreicht wurde.

Am Ende von TEIL 2 befindet sich ein Anhang, der Informationen für TEIL 1 und TEIL 2 beinhaltet.

Im Glossar werden Ausdrücke erklärt, die manchen unbekannt sein mögen, und einige wichtige Daten von Personen oder Orten, die im Buch erwähnt worden sind.

Die Bibliographie gibt Auskunft über die Veröffentlichungen, auf die im Text Bezug genommen wurde. Manchmal werden in den Briefen Buchtitel in gekürzter Form benutzt, wie *Pointers* oder *Immortality*. Geht man in der Bibliographie die Titel von Ramehs Büchern durch, dann findet man den vollständigen Titel.

Wie bereits erwähnt, wurden Teile der Briefe in der Originalausgabe weggelassen, was mit einer recht engen Interpretation des Inhaltes der Lehren zu tun hat. Einige Jahre später ist nun die Überzeugung gewachsen, daß das ganze Leben die Lehre ist, und konsequenterweise wurden viele Worte des Gurus in diesem Buch wieder eingefügt, einige in TEIL 1, die meisten in TEIL 2.

TEIL 2 beinhaltet nicht nur Material, das in *From Consciousness To Consciousness* weggelassen wurde, sondern einiges Material, das bereits darin benutzt wurde und in dem späteren Buch, das unter dem Titel *Letters From Ramesh* erschien, nochmals verwendet wurde. Zu dem Zeitpunkt war keine Rede davon, diese beiden Bücher zu vereinigen. Das übernommene Material wurde hauptsächlich dazu verwendet, bestimmte Punkte in der Anmerkung des Herausgebers zu illustrieren. Das könnte man natürlich nun für langweilige Wiederholungen halten. Der Sinn eines Beispiels ist es, eine Erklärung verständlich zu machen, indem man die ungetrübte Aufmerksamkeit des Lesers auf ein bestimmtes, wichtiges Ereignis richtet. Somit entstanden Zweifel, ob diese Aufmerksamkeit nachlassen würde, wenn das Material nicht mehr die Wucht hätte, die es hat, wenn es zum erstenmal gelesen wird. Also wurde das meiste Material, das bereits in TEIL 2 benutzt wurde, aus TEIL 1 gestrichen. In einigen Fällen jedoch waren die Worte von solcher Bedeutung für den Punkt, um den es in dem Originalbrief ging, daß nichts oder sehr wenig von dem zur Verfügung stehenden Material gestrichen wurde. Somit ergeben sich einige Wiederholungen aus dem Zusammenfügen dieser zwei Bücher.

Außerdem gibt es Wiederholungen, die nichts mit den erwähnten Umständen zu tun haben. In den Briefen selbst wird man feststellen, daß Ramesh immer wieder auf bestimmte Punkte oder Themen zurückkommt und dabei teilweise sogar ähnliche Ausdrücke oder Redewendungen benutzt. Doch all dies ist ein notwendiger Teil der Vermittlung dieser Lehren. Im Vorwort einiger seiner Bücher gibt Ramesh seinen Lesern eine Erklärung und Anleitung bezüglich der Wiederholungen:

»Was wir versuchen in ›Dauer‹ zu sehen – ein Satz dem anderen folgend in relativer Zeit –, kann eigentlich nur *sub specie aeternitatis* erfaßt werden, nur wenn man seine wahre Natur unter dem Aspekt der Ewigkeit betrachtet. Daher kann die essentielle Natur eines grundsätzlichen Punktes, der einem vorher entgangen war, plötzlich im Bewußtsein aufblitzen, wenn er zum x-ten Male wiederholt wird. Das kann nur geschehen, wenn jeder Wiederholung *jedesmal die völlige Aufmerksamkeit* gegeben wird, und sie nicht nur als eine Formel betrachtet wird.

Anmerkung des amerikanischen Herausgebers

Es ist durchaus denkbar, daß das der wahre Grund dafür ist, daß fast jeder Meister sich immer und immer wiederholt.«[2]

»Ein klares Zeichen östlicher, weiser Schriften ist die ständige Wiederholung der grundlegenden Wahrheit in ihren verschiedenen Aspekten, in verschiedenen Worten, detailliert in verschiedenen Illustrationen und Beispielen ... Auch in der *Ashtavakra Gita* findet man viele Wiederholungen. Der besondere Vorteil solcher Wiederholungen ist, daß aus geheimnisvollen Gründen eine gewisse Aussage einen plötzlichen Eindruck auf eine ganz bestimmte Person in einem ganz bestimmten Moment machen wird, obwohl sie schon früher mehrmals wiederholt worden sein mag. Und sogar für diejenigen, die einige Punkte bereits sehr klar verstanden haben, wird eine ganz bestimmte Aussage in einem besonderen Zusammenhang noch klarer. Ein subtiler Aspekt wird plötzlich enthüllt, der früher ihrer Aufmerksamkeit entgangen war. Es ist daher wichtig, eine Wiederholung nicht nur leichtfertig als Wiederholung abzutun.«[3]

»Bevor ich hiermit ende, möchte ich darauf eingehen, daß der Leser sicherlich wahrnehmen wird, daß verschiedene Punkte – sogar die Worte – mehrmals wiederholt wurden. Dies war erforderlich, um dem Ganzen ein Gefühl von Ganzheit und Einheit zu verleihen. Meine Empfehlung an den Leser ist, diese Wiederholungen nicht schnell zu überfliegen und sie nur als ›Wiederholungen‹ abzutun, sondern sie als wichtig zu erachten, weil diese Wiederholung im Kontext eines speziellen Aspektes der Wahrheit erforderlich war, und diese Wahrheit kann auf jeden Fall nur die *Eine* sein.«[4]

---

[2] Ramesh S. Balsekar: *Explorations Into The Eternal*. Chetana, Bombay 1984, Seite 2.
[3] Ramesh S. Balsekar: *A Duet Of One*. Advaita Press, Redondo Beach, Kalifornien 1989, Seite 7 (bereits in deutscher Sprache erschienen).
[4] Ramesh S. Balsekar: *The Final Truth*. Advaita Press, Redondo Beach, Kalifornien 1989, Seite 9.

All diese Erklärungen und Empfehlungen sind ein Beispiel für den spontanen Drang des Gurus, die Vermittlung der niedergeschriebenen Lehren möglichst effektiv zu präsentieren und seine Schüler zu ermutigen, sie möglichst effektiv zu lesen. Doch im Vorwort eines anderen Buches erklärt Ramesh kurz und bündig die Natur der Wahren Beziehung zwischen dem scheinbaren Guru und Autor und dem scheinbaren Schüler und Leser:

»Wie ich bereits gesagt habe, es gibt Geschriebenes, doch keinen Autor. Vielleicht sollte ich noch hinzufügen, daß, wenn der Leser empfindet, daß Lesen stattfindet ohne einen Lesenden, wenn das Schreiben und das Lesen zusammenfließen, dann jene Art von Erfassen geschieht, die niemals einen Erfassenden benötigt.«[5]

---

[5] Ramesh S. Balsekar: *Experiencing The Teaching*. Advaita Press, Redondo Beach, Kalifornien 1988, Seite 8 (bereits in deutscher Sprache erschienen).

Die Briefe

22. Dezember 1987

Als ich Dich das erste Mal traf, wußte ich, daß Du einer von diesen seltenen, ernsthaft Suchenden bist. Ich sah es in Deinen Augen. Du sagtest kein Wort – Du strecktest bloß Deine Hand aus, um mir eine Orchidee zu überreichen. Seitdem hast Du jedesmal, wenn wir uns trafen, eine wunderschöne Orchidee gebracht – eine aufrichtige Gabe, dankbar angenommen.

Seitdem habe ich Deinen »Fortschritt« beobachtet. *Es* wird kommen, sobald das »Suchen« spontan abfällt! »Du« kannst absolut nichts dabei tun – und genau das ist der innewohnende Widerspruch: ein Gefühl von Frustration gepaart mit einem Gefühl von unglaublicher Erleichterung!

18. Januar 1988

Relativ gesehen, gibt es keinen »Grund« zu der Annahme, daß ich eine bestimmte Person einer anderen vorziehe, denn etwas äußerst Natürliches und Spontanes erzeugt die Affinität zwischen Menschen. Es kann also nur als ein Teil des Ablaufs der Totalität betrachtet werden – und in diesem Ablauf geschieht nichts ohne Sinn, auch wenn sich dieser Sinn dem menschlichen Verstand (dem gespaltenen Verstand) nicht erschließt.

Letzte Woche kam ein Swami, um mich zu besuchen. Er lebt seit 17 Jahren in einem *Ashram* in den USA, er war 20, als er hinkam. Er war sehr ernsthaft an den Gedanken der Nicht-Dualität interessiert. Es scheint, als ob den routinemäßigen Praktiken in dem *Ashram* mehr Aufmerksamkeit geschenkt wurde als den Lehren. Somit erschütterte es ihn bis ins Mark, als er dem zuhörte, was mir gegeben wurde, ihm zu sagen. Die Tatsache, daß die Gesamtheit der Manifestation lediglich eine Erscheinung im Bewußtsein ist und daß ihr Ablauf ein *unpersönlicher* und sich selbst erzeugender Prozeß in der Phänomenalität ist, machte auf ihn einen tiefen Eindruck.

Nichts in diesem Leben ist Zufall. Er konnte nur die letzten zwei Gespräche in Hollywood besuchen, und es war nur ein »Zufall«, der ihn nach Bombay gebracht hatte!

13. Februar 1988

Du erkanntest bei Deinem *Darshan* mit F., daß alles, was Du tust, »selbst die Körperbewegungen, der Gesichtsausdruck«, eine egoistische Basis hat, und das muß so sein, denn das Ego ist das »Funktionszentrum« des psychosomatischen Mechanismus, das durch das Gehirn gesteuert wird. Das Gehirn ist ein Teil des somatischen Mechanismus, während das Funktionszentrum hinter dem Steuerrad ein Teil des psychischen Mechanismus ist. Das ist genau der Grund, warum auch jemand wie Ramana Maharshi oder Nisargadatta Maharaj reagieren würden, wenn man sie bei ihrem Namen riefe. Mit anderen Worten, die Identifikation mit dem Körper-Verstand-Mechanismus muß weiterbestehen, solange der Körper lebendig ist und funktioniert! Die Erleuchtung oder das Verstehen beseitigt das Gefühl vom Handelnden, das die Abspaltung eines getrennten Wesens erzeugt hat.

Das Verständnis der unpersönlichen Natur des Ablaufs der Totalität – und ich möchte behaupten, daß sogar ein nur intellektuelles Verstehen ausreichend ist – erzeugt ein kurioses Phänomen: nicht eine tatsächliche Zerstörung des Ego, doch die Zerstörung (vielleicht allmählich) der *Angst vor dem Ego*! Habe ich Dich damit verwirrt? Es ist eine seltsame Tatsache, daß der Mensch, der völlig im Leben steht und mit den Freuden und Leiden involviert ist, sich nicht um das Ego kümmert. Erst wenn der Verstand sich nach innen gekehrt hat und die »Suche« begonnen hat – und die Gurus und die Schriften haben viel vom Gespenst des Ego gesprochen –, dann beginnt die Flucht vor dem Ego. Je intensiver diese Flucht ist, desto stärker wird die Besessenheit mit dem Ego. Dein ganzer Brief beschreibt diese Flucht vor dem Ego; und es ist ein trauriger Witz, daß es niemand anderes als das Ego ist, das versucht, dem Ego zu entfliehen!

Es gibt nur eine Möglichkeit mit dem Ego umzugehen: Zu verstehen, was das Ego ist und wie es entstanden ist. Es gibt nichts außer Bewußtsein, und es ist das Bewußtsein, das sich selbst *absichtlich* mit jedem individuellen Körper-Verstand-Mechanismus identifiziert hat, um die Manifestation innerhalb der Dualität von Beobach*ter*-Beobach*tetem* wahrnehmen zu können. Somit ist der gesamte Ablauf von allem Manifestierten – genannt *Lila* – eine unpersönliche Angelegenheit der Evolution, was den Prozeß der ursprünglichen Identifikation betrifft: Die identifizierte Existenz besteht für eine gewisse Zeit. – Der Verstand kehrt sich nach innen. – Der Prozeß der Disidentifikation beginnt. – Und schließlich geschieht das Verständnis dieses unpersönlichen Prozesses, in dem das Bewußtsein seine ursprüngliche »Reinheit« wiedererlangt.

Wie es ein Tao-Meister ausgedrückt hat: Das Verstehen geschieht immer spontan, doch die Befreiung mag eine Weile dauern. Diese Befreiung bedeutet die Befreiung von der Umklammerung des *Konzeptes* vom Ego. Der graduelle Fortschritt ist die Entwicklung vom persönlichen Standpunkt zur unpersönlichen Perspektive. Das plötzliche Verstehen beendet die Flucht vor dem Ego, und das ist es, was im Falle des Körper-Verstand-Organismus, relativ als O. bezeichnet, geschehen ist. Dein ganzer Brief zeigt die Vergangenheit dieser Flucht auf bis zu dem Punkt, wo die Flucht endet. Was nun geschieht ist Zeugesein, was nicht vom Verstand kommt, sondern das unpersönliche Noumenon ist. Dies ist die »Natur eines solchen Zeugeseins«, die Dir, wie Du sagst, nicht klar ist. Zeugesein bedeutet, vom Ego losgelöst zu sein, während man gleichzeitig seine Berechtigung als das Funktionselement im Körper-Verstand-Organismus anerkennt, das als ein psychisches Gedankengerüst als Teil des psychosomatischen Mechanismus weiterbestehen muß. Solch ein *Funktionselement* muß ganz offensichtlich weiterbestehen, doch es wird nicht mehr mit der *Funktionsessenz* im Körper verwechselt, die für alle Lebewesen gleich ist – dem unpersönlichen Bewußtsein.

Was das Verstehen ganz einfach erzeugt, ist die Erkenntnis, daß das Ego oder der Verstand nur ein Arbeitspartner innerhalb der physischen Organisation – genannt Körper – ist und nicht sein unabhängiger Besitzer, wovon man bislang fest überzeugt gewesen war!

Es ist tatsächlich symptomatisch für Deinen derzeitigen, spirituellen Zustand (relativ gesehen sicherlich beneidenswert, ansonsten bedeutungslos), daß Du intuitiv erfaßt hast, was ich mit so vielen Worten ausgedrückt habe, wenn Du sagst: »Ich konnte einfach nicht sehen, wie sich jemand in eine Aktivität vertiefen kann, ohne sich Gedanken um das Ergebnis zu machen. Gestern habe ich es gesehen. Also plane ich seit heute, dieses Projekt auszuführen (egoistisch oder nicht) ...«. Die Bedeutung dieser Aussage liegt in den Worten »egoistisch oder nicht.« Sie sind deshalb bedeutungsvoll, weil sie anzeigen, daß das Ego seinen Terror, seine Gewalt verloren hat. Egoistisch oder nicht – wen kümmert es? Das ist der entscheidende Punkt, mein lieber Freund. Warum sich um das Ego kümmern? Laß es als ein *Arbeits*partner sein eigenes Leben führen. Laß die Intuition oder das Bewußtsein innerhalb seines eigenen Ablaufs existieren. Diese Worte von mir mögen plötzlich ein Gefühl von BRAVO erzeugen. Warum auch nicht? Nur eine Bewegung im Bewußtsein, bezeugt vom Bewußtsein, ohne besondere Bedeutung.

Der Vers, den Du aus der *Bhagavad Gita* zitiert hast – und der, wie Du sagtest, Dich sehr berührt hat, als Du ihn 1979 zum erstenmal gelesen hast: »Daher mußt du alle Aktivitäten wie ein Sakrament ausführen, ohne dich an das Ergebnis zu binden«, hat Dich all diese Jahre verwirrt, bis »gestern«, denn Du hattest ihn vom Standpunkt eines angeblich unabhängigen, autonomen Individuums betrachtet. Jetzt ergeben die Worte einen Sinn, denn das Verstehen ist nun vom Standpunkt der unpersönlichen Totalität. Deine frühere Interpretation war gerechtfertigt, denn der Vers lautet: »Daher mußt DU alle Aktivitäten ausführen ...« Nun verstehst Du den Vers folgendermaßen: Wenn das Verstehen geschehen ist, wird jede Aktivität wie ein Sakrament ausgeführt (als Teil des Ablaufs der Totalität), ohne sich an das Ergebnis zu binden.

Deine anfängliche Schwierigkeit war sehr real: »Du« konntest nicht sehen, wie sich »jemand« in eine Aktivität vertiefen kann, ohne sich Gedanken um das Ergebnis zu machen. »Gestern« hast

Die Briefe

Du es gesehen: Es gab nicht »jemanden«, der sich in eine Aktivität vertiefen kann – jegliche Aktivität, die durch einen individuellen Körper geschieht, ist Teil des Ablaufs der Totalität. Es hat eine Transformation von der individuellen Persönlichkeit zur Unpersönlichkeit der Totalität stattgefunden.

Ich denke, daß Du mit der Zeit feststellen wirst, daß durch »Dich« die Dinge spontan geschehen, ohne daß Du Dir Sorgen machst, ob das Ego hinter der nächsten Ecke lauert.

Den ganzen Sinn jeglicher Art von *Sadhanas* hast Du in Deinem Brief sehr richtig beschrieben, denn dies kam aus eigener Erfahrung: Die Erkenntnis, daß *Sadhanas* nur quantitative Veränderungen herbeiführen können, und es ist nur das »Reine Verstehen« dessen, was ist (es gibt nichts außer Bewußtsein, in dem die Gesamtheit der Manifestation und ihr unpersönlicher Ablauf erscheint), was die qualitative Veränderung herbeiführt. Dieses Verstehen, das noumenaler Natur ist (nicht phänomenaler oder intellektueller), erzeugt die qualitative Veränderung, indem alle Gedanken, Gefühle und Begierden im Moment ihres Erscheinens auf neutrale Weise wahrgenommen werden, ohne daß man sich darin verstrickt, ohne daß man sich damit identifiziert. Solche Art von Zeugesein führt dadurch, daß eine Loslösung von dem phänomenalen Ereignis geschehen ist, zu diesen wunderbaren Momenten von Noumenalität – dem ICH BIN –, die häufiger und intensiver werden, je tiefer das Verstehen während des allmählichen Prozesses der »Befreiung« sinkt.

27. Februar 1988

Maharaj hatte offensichtlich »gespürt«, welche Rolle ich in diesem phänomenalen *Lila* spielen sollte, denn er hat mir gegenüber einmal erwähnt, daß eine völlig falsche Vorstellung von der Lehre des Gurus existiert, die der Schüler, wenn die Zeit gekommen ist, selbst weitergeben soll. Er erwähnte das in bezug auf *Pointers*, nachdem ich ihm von dem spontanen (*nicht* automatischen) Schreiben erzählt hatte, das vor sich ging. Er sagte, daß wahrscheinlich mehrere Bücher, abgesehen von *Pointers*, im Laufe der Zeit »geschehen« würden und daß sie nicht ein Nachplappern seiner eigenen Worte sein würden: Während die Wahrheit selbstverständlich zu allen Zeiten die Wahrheit bleiben muß, würden bestimmte Aspekte, die erläutert werden sollen, sich sehr voneinander unterscheiden und in diesem Ausmaß *scheint* die »Lehre« einen Wandel durchlaufen zu haben! Ehrlich gesagt, war dies für mich ein interessanter Punkt, denn ich konnte mir damals nicht solch immense Unterschiede (auch wenn sie recht offensichtlich zu sein scheinen) in meiner »Lehre« im Vergleich zu der von Maharaj vorstellen.

Von einem Punkt scheine ich so besessen zu sein, daß ich ihn immer wieder anführen muß – wenn es sein soll bis zu dem Punkt, wo es irritierend wirkt!: Es gibt wirklich »niemanden«, der irgend etwas »tut«. Diese grundsätzliche Basis darf nie aus den Augen verloren werden, wenn irgendwelche Anweisungen gelesen (oder gehört) werden, wie zum Beispiel: »Halte an diesem Wissen fest und meditiere ...« oder: »Ein wahrer Schüler verbleibt in dem Wissen ›ICH BIN‹ ...«, etc. Die gesamte Aussage ist in der Unpersönlichkeit der Gesamtheit der Manifestation und ihres Ablaufes enthalten. Was das *offensichtliche* Individuum betrifft, kann nur eines (zum richtigen Zeitpunkt) geschehen: ein tiefes Verständnis dieser Unpersönlichkeit, das die Wurzeln des »Ich« zerstört.

Die beiden letzten Absätze beziehen sich auf die Zitate, die Du aus der Kopie der gedruckten Übersetzung eines Gespräches, das Maharaj im Januar 1980 gegeben hat, angeführt hast.

Ich erkenne diesen unpersönlichen Ablauf der Totalität mehr und mehr (was Du in Deinem eigenen Fall sehr gefühlvoll beschrieben hast), und man kann nur in wundersamer Ungläubigkeit staunen, während sich die Dinge entfalten.

Eine dieser »Entfaltungen« ist eine junge Dame aus dem Staat New York, die seit zehn Jahren eine Anhängerin eines indischen Gurus ist, der Schüler in den USA hat. Seit Ende Januar hat sie mich innerhalb von drei Wochen viermal besucht. Sie erzählte, daß sie wirklich keinen blassen Schimmer hätte, warum sie diese teure Reise unternommen hatte. Als sie zum erstenmal kam, fühlte sie sich ihrem Guru gegenüber ungeheuer schuldig und unloyal, und sie wußte, daß sie mich nie wieder sehen würde. Sie wollte die Tage, die ihr noch geblieben waren, im Ashram ihres Gurus verbringen, dann wieder heimkehren und die ganze Reise als einen Verlust abschreiben! Als sie mich das zweitemal besuchte, geschah dies mit großem Widerwillen, und sie war ungemein verärgert über sich selbst und fühlte sich irgendwie in diese Sache hineingestoßen. Und am Ende war die Transformation vollständig: Es gab kein Gefühl von Schuld ihrem Guru gegenüber, denn ihre Erfahrung mußte einfach ein Schritt sein, der sie zu einer wesentlich höheren Stufe des Verstehens führen würde.

Du schreibst in Deinem Brief: »Während der letzten zwei Wochen habe ich mich mehr und mehr und tiefer im ICH-BIN-Bewußtsein aufgehalten, und trotzdem bin ich verblüfft zu sehen, daß ich oft zu wählen scheine, *nicht* ins ICH BIN zu gehen, weil mich etwas anderes mehr anzieht ...«. Du wirst sehen, mein lieber O., daß Du aufhören wirst, über irgend etwas verblüfft zu sein. Was auch immer geschieht, wird lediglich bezeugt, ohne sich darum zu kümmern, ohne die Gründe für alles zu lokalisieren, was geschieht! – Sei es ein plötzlicher Schub von Energie oder »der lockende Ruf seligen Müßigganges.«

Es ist wirklich eine Tatsache, daß »Schüler auf der ganzen Welt bestätigen, daß man ein unbegrenztes Maß an Führung erfährt, wenn der Guru ein Teil des eigenen Lebens wird.« Es ist weiterhin eine Tatsache, daß die vorherrschenden Zufälle und Synchronismen eine gewisse Faszination auf »denjenigen« ausüben, der davon betroffen ist. Damit einhergehend erscheint gleichzeitig eine Sorge und ein Unbehagen über die Erkenntnis, daß tatsächlich eine klare Disidentifikation von der Faszination geschieht. Wenn das Verstehen eine gewisse Tiefe erreicht, wie in Deinem Fall wiederum (sicherlich nach einer *Menge* Schmerz und Frustration), dann ist der Kern der Faszination kein Gefühl von Leistung oder Verdienst, sondern ein Gefühl von Dankbarkeit und Hingabe an den Guru oder das Bewußtsein oder die Totalität oder Gott.

Der Prozeß der Disidentifikation kann genauso schmerzvoll sein, wie in der Identifikation zu leben. Der Grund ist ganz offensichtlich: die konditionierte Existenz des »Ich«, das materielle Annehmlichkeiten innerhalb der Konditionen der Identifikation sucht und das »Göttliche« Ziel der Erleuchtung während des Prozesses der Disidentifikation.

Du hast einen interessanten Punkt angesprochen, als Du über Dein Verhalten während des Seminars sprachst: die intensive Konzentration während des ersten Seminars und ein gewisses Ausmaß an Ablenkung während des zweiten Seminars. Vielleicht erinnerst Du Dich daran, daß ich Dir während des zweiten Seminars vorschlug, die Gespräche zu verlassen, wann immer Du Dich abgelenkt fühlst, und daß Du Dir meines Verständnisses sicher sein könntest. Der entscheidende Punkt ist, daß der »Prozeß« des Verstehens – zu Beginn gewiß auf intellektueller Ebene – natürlicherweise in *Dauer* sein muß und daher muß er verändernden Zuständen von Konzentration und Ablenkung, Begeisterung und Depression unterliegen. Ein weiterer Aspekt in dieser Angelegenheit ist die unvermeidbare, persönliche Beziehung zum Guru. Die Liebe zum Guru kann zum Hindernis werden, wenn sie sich auf der persönlichen Ebene abspielt. Sie wird dann zu einer Art Krücke, von der der Schüler abhängig wird, und er fühlt sich somit in der Abwesenheit des Gurus hilflos. Im Extremfall kann die Liebe zum Guru als Person einen Anfall von Eifersucht oder Neid erzeugen, so heftig wie bei zwei Liebenden! Jedoch muß ich hinzufügen, daß am Anfang die Liebe für den Guru auf der persönlichen Ebene intensiv sein muß. Wenn das Verständnis tiefer sinkt, besteht die Liebe weiterhin auf der persönlichen Ebene, doch tief drinnen basiert sie auf der unpersönlichen Liebe zum Guru als Bewußtsein. Ich erinnere mich, wie ich nicht genug für Nisargadatta Maharaj tun konnte. Und sein gütiges Annehmen all dessen, was ich für ihn tat und ihm gab – er wußte selbstverständlich, daß es von Herzen kam und ich es mir leisten konnte –, machte mich sehr glücklich.

22. März 1988

Mir scheint, daß es einen entscheidenden Unterschied gibt zwischen dem spirituellen Tagebuch, das Du im November 1978 begonnen hattest, und den Briefen, die Du mir seit dem 7. Januar geschrieben hast. Der Unterschied liegt darin, daß die früheren Aufzeichnungen ein geplantes »Projekt« waren. Wie gut die Absicht auch gewesen sein mag – »um als ein Instrument zu dienen, das konstant seinen Fokus auf die spirituellen Aspekte lenkt« –, der

Die Briefe

entscheidende Punkt ist und bleibt, daß es eine Intention, eine Absicht gab, deren Sinnlosigkeit irgendwann erkannt wurde, und das Projekt endete im September 1985.

Nun geschieht etwas anderes: Es gibt keine speziellen Intentionen und kein »Projekt«. Wie Du in Deinem Brief vom 7. Januar als Antwort auf meinen Brief nach meiner Rückkehr nach Indien geschrieben hast: »Ich beginne diesen Brief und muß feststellen, daß ich nicht weiß, was ich schreiben soll.« Was könnte möglicherweise spontaner (und absichtsloser) sein als das? Es ist einfach unwichtig, ob diese gesamte Korrespondenz irgendwann veröffentlicht wird oder nicht, ob sie noch einen anderen Zweck erfüllt oder nicht.

Wie Du mich zweifelsohne hast sagen hören: Hat sich der Verstand einmal nach innen gekehrt (was selbst ein Ereignis ist, über das »man« keine Kontrolle hat), nimmt der Prozeß der Disidentifikation seinen eigenen Lauf und nichts in diesem Prozeß kann als eine Zeitverschwendung erachtet werden, die hätte vermieden werden können. Darum sagst Du auch: »Das Tagebuch war kein völliger Fehlschlag. Es brachte tatsächlich meinen Verstand zurück zur Sache ... Dies von Zeit zu Zeit zu wiederholen erzeugte anscheinend wichtige Einsichten.« Das Tagebuch endete somit, als es seinen Zweck im Prozeß der Disidentifikation erfüllt hatte.

In dieser Korrespondenz ist mir ein recht wichtiger Punkt aufgefallen. Mehr und mehr werden die Reaktionen auf Ereignisse, wenn sie geschehen, lediglich bezeugt (was Disidentifizierung bedeutet). Mit anderen Worten, »Du« hast keine Angst mehr vor dem Ego. Das Ego hat seine schreckliche Macht verloren, denn »Du« bist zum Zeugesein geworden.

Dies führt zu einem Stadium innerhalb des Prozesses der Disidentifikation, wo die Führung und Anleitung durch den Guru weniger und weniger notwendig wird. Diese Tatsache kann ein Gefühl von Unbehagen, von Unloyalität oder gar Schuld erzeugen. Es ist jedoch ein Stadium, das der Guru angestrebt hat und mit Freude willkommen heißt! Es ist eine Entwicklung von der Ebene der Dualität (vom Standpunkt des Schülers), auf welcher der Schüler den Guru respektiert und gar verehrt, hin zu einer Ebene von Gleichheit. Dies ist in dem Sinne recht offensichtlich, als daß der

Guru mit dem Schüler vom Standpunkt des unpersönlichen oder universellen Bewußtseins sprach und agierte, während der Schüler vom Standpunkt des persönlichen oder identifizierten Bewußtseins begann. Während der Prozeß der Disidentifikation fortschreitet, verringert sich die Distanz zwischen den beiden Ebenen, Formalität weicht einer Ungezwungenheit, Verehrung weicht einer Freundschaft – während der Respekt und die Dankbarkeit nicht nur niemals verschwinden, sondern noch stärker und tiefer werden.

Ich erinnere mich daran, wie das zwischen Maharaj und mir geschah. Während ich weiterhin Maharaj finanziell und auf jede andere mögliche Weise unterstützte, entwickelte sich allmählich eine Intimität und Freundschaft zwischen uns. Ich nahm bei ihm ein Gefühl von Dankbarkeit, vielleicht sogar Stolz wahr, als er mich auf einer Ebene von absoluter Gleichheit akzeptierte.

Es ist interessant zu beobachten, daß die allmähliche Veränderung in der Beziehung zwischen Maharaj und mir – natürlich zum besseren! – sich in meinen drei Büchern widerspiegelt: Verehrung in *Pointers From Nisargadatta Maharaj*, eine gewisse respektvolle Abhängigkeit in *Experience Of Immortality* und ein Gefühl von Gleichheit, das im wesentlichen auf tiefer Dankbarkeit beruht, in *Explorations Into The Eternal*.

Es ist ganz gewiß eine Tatsache, um mit Deinem Brief fortzufahren, daß »uns die Dinge geschehen, um dieses Verständnis hervorzubringen.« Diese Dinge geschehen nicht einem Muster entsprechend, wenn man sie vom Standpunkt der miteinander in einer Abhängigkeit stehenden Konzepte von »akzeptabel« und »nicht akzeptabel« aus betrachtet. Manchmal scheinen, wie in Deinem Fall, die Umstände »akzeptabel« zu sein, während in einem anderen Fall »inakzeptable« Dinge geschehen müssen, damit der Prozeß der Disidentifikation seinen Lauf nehmen kann.

Die Falle des Ego, von der Du in diesem Zusammenhang sprachst (d. h., daß das Ego arroganterweise solche »Zeichen von Gnade« als Bestätigung der Bevorzugung durch das Universum für einen seiner besonders geschätzten Menschen deutet), ist völlig aus der Luft gegriffen und unwirklich, denn es stellt sich ganz anders dar, wenn der Prozeß als unpersönlich erkannt wird, anstatt ihn vom persönlichen Standpunkt aus zu betrachten. Du hast es völlig rich-

Die Briefe

tig ausgedrückt, als Du geschrieben hast, daß es »zumindest zu Beginn ein Paradox ist, daß das Ego sich selbst verstanden haben muß, bevor es sich auflösen kann.« Verstand und Intellekt müssen zu Beginn notwendigerweise benutzt werden, um das Was Ist zu verstehen. Dann wird der Intellekt seine eigenen Grenzen erkennen, und mit dieser Hingabe geht der Intellekt allmählich in die Eingebung über. Zu Beginn muß ein Schwimmer bei dem Kampf, sich über Wasser zu halten, seine Muskeln benutzen, doch mit der Zeit muß er begreifen, daß solche Anstrengungen nicht erforderlich sind und daß es möglich ist, ohne sich anzustrengen, über Wasser zu bleiben. Es geschieht das Verständnis, daß der Körper, ohne die Angst zu versinken, die natürliche Fähigkeit besitzt, sich über Wasser zu halten.

Was die verschiedenen Ebenen des Zustandes des Bewußtseins betrifft, löst sich in Deinem Fall der Zustand von Verwicklung allmählich auf, so wie das Verstehen tiefer einsinkt. Mehr und mehr erfährst Du das anhaltende *Gefühl*: Was spielt das alles für eine Rolle? Ein Gedanke oder ein Gefühl oder ein Wunsch taucht auf, und es mag ein gewisses Maß an Identifikation in Form von Verwicklung geben, doch recht bald, da bin ich mir sicher, kommt ein starkes Gefühl von: Was spielt das alles für eine Rolle? Dieses letztere Gefühl schneidet die horizontale Verwicklung im Moment des Auftauchens senkrecht ab. Im Laufe der Zeit – vielleicht auch schon jetzt – werden das Auftauchen eines Gedankens, die Möglichkeit der Verwicklung und das Abschneiden fast gleichzeitig geschehen. Aus diesem Abschneiden entsteht eine Art Vakuum, welches tatsächlich das Auftreten des Gefühls bedeutet, nämlich eins zu sein mit dem Moment. Ramana Maharshi nennt dies den *Sahaja Sthiti* – oder den Natürlichen Zustand. Von diesem Natürlichen Zustand (oder neutralen Zustand, falls Dir der Ausdruck besser gefällt) gibt es eine natürliche Bewegung – sanft und spontan – »aufwärts«, wenn es irgendwelche Ereignisse zu bezeugen gibt; und »abwärts (tiefer)«, wenn es momentan nichts zu bezeugen gibt (um das Bewußtsein aufsteigen zu lassen), und man im ICH BIN versinkt.

Tatsache ist, wenn diese Bewegung vom natürlichen Zustand abwärts oder aufwärts (wie das unbewußte Wechseln der Gänge

Erleuchtende Briefe

im Auto, entsprechend dem Verkehrsfluß) als der natürliche Ablauf des Bewußtseins erkannt und verstanden wird, dann wird sich das »Ich« oder das Ego von dem gesamten Prozeß völlig losgelöst finden. Zweifel oder Fragen werden unwichtig in der Unpersönlichkeit der Bewegung zwischen den drei Zuständen des Bewußtseins: Der Kopf steckt bereits im Rachen des Tigers, und es gibt kein Entrinnen (vom Ereignis der Erleuchtung).

Du schreibst über »die Interpretation des Ego von der Bedeutung unseres Briefwechsels« und daß »die gesammelten Briefe zu einer Art Fetisch werden.« Du scheinst offenbar die Briefe von Zeit zu Zeit durchzulesen und Dir Gedanken zu machen über »die Grundlagen, auch wenn das Gefühl recht stark ist.« Es gibt keine Notwendigkeit, das Ereignis zu analysieren, sondern lediglich die, zu bezeugen und zu sehen, was geschieht. Aus dieser Durchsicht der Briefe wird ohne jeden Zweifel der Same einer Idee hervorgehen, die letztendlich umgesetzt werden wird. Laß den Verstand offen für die Vorschläge, die von »außen kommen werden«. Du wirst wissen, was zu tun ist, wenn sich die Idee konkretisiert.

Die Beziehung zwischen uns, Dir als Schüler und mir als Guru, wird verschiedene Formen und Konzepte im Verstand annehmen, wenn sie sich allmählich intensiviert, für eine Weile intensiv bleibt und dann fast aus dem Verstand ausgeblendet wird. All diese Konzepte (Träume eingeschlossen) werden lediglich bezeugt, vielleicht sogar mit einer gewissen Belustigung, wenn man so mag. In dieser Art von Zeugesein – ohne zu analysieren – wird das Ego abwesend sein. Das bezieht sich genauso auf die Momente, in denen eine Anstrengung unternommen wird, in den ICH-BIN-Zustand zu gelangen. Jede Analyse wäre offensichtlich auf der intellektuellen Ebene, und dies lediglich zu sehen, diese Tatsache zu verstehen, das bedeutet Zeugesein, wodurch solch intellektuelles Analysieren, das in jedem Fall sinnlos ist, abgeschnitten wird.

Du wirst sehen, was ich meine, wenn diese dreifache Bewegung in Deinem Bewußtsein anfängt zu geschehen. Der Schlüssel ist einzig und allein: Zeuge zu sein, ohne den Versuch dem Ereignis eine bestimmte Bedeutung zu geben, was tatsächlich die Loslösung von dem momentanen Ereignis bedeutet: keine Angst vor dem Ego zu haben.

Die Briefe

24. März 1988

Ich habe mich sehr über Deine Reaktion auf meinen Brief vom 13. Februar gefreut. Du schreibst, obwohl Du den Brief mindestens fünfmal gelesen hast, »kann ich anscheinend nicht die essentielle Substanz des Briefes erfassen.« Doch es ist gewiß eine Tatsache, daß die Antwort völlige Stille wäre; wenn es ein Gespräch und keine Korrespondenz wäre, gäbe es keine Notwendigkeit für irgendwelche Worte.

In diesem Zusammenhang kann ein anderes Phänomen als Reaktion auf das Ereignis des plötzlichen Verstehens geschehen. Eine ungewöhnliche Lethargie oder Apathie kann auftauchen, ein gewisses Fehlen von Motivation oder Energie, selbst einfache Routineangelegenheiten auszuführen. Nichts sollte in diesem Zusammenhang unternommen werden, das Zeugesein dieses Ereignisses selbstverständlich ausgeschlossen. Nimm das Erscheinen wahr und warte, bis es von alleine wieder verschwindet. Dem mag eventuell – es gibt keine klaren, kalkulierbaren Regeln – ein Ausbruch von Enthusiasmus, von Energie oder Inspiration folgen, ein tiefes Gefühl von Freude und Wohlbehagen, von Erfüllung, ein starkes Gefühl, etwas für den Guru zu tun, das recht ungewöhnlich und überwältigend ist; die Bandbreite der Gefühle ist sehr weit. Auch hier gibt es wieder nichts anderes zu tun, als die Erscheinung wahrzunehmen und »weitere Entwicklungen« abzuwarten.

Es war nicht einfach, Deine Reaktion in Worte zu fassen. Es kann nicht einfach sein – tatsächlich gibt es auch keinen Anlaß dafür. Und trotzdem hast Du es völlig richtig erfaßt, wenn Du schreibst: »... ich kann nicht fassen, was geschieht.«

Vor dem Ego fortlaufen und die Angst vor dem Ego, das sind beides Aspekte des gleichen Konzeptes. Mit Freude habe ich festgestellt, daß Du Dir in letzter Zeit einer wachsenden Akzeptanz des Egos gewahr geworden bist. Du fügst hinzu: »Doch ich wußte dessen Bedeutung tatsächlich nicht zu schätzen, bis ich Deinen Brief las. Erst danach erkannte ich, daß es tatsächlich eine Verringerung der Angst vor dem Ego bedeutet. Ich glaube, ich hatte bis zum heutigen Zeitpunkt nicht verstanden, daß die Angst, die ich mein ganzes Leben mit mir herumgetragen habe, die grundsätzliche Angst vor dem Ego war. (Dies scheint jetzt phantastisch. Ist es tatsächlich so?)« Es ist phantastisch, wunderbar. Diese plötzlichen Stücke des Verstehens kommen unerwartet und treffen einen wie ein Geschoß, denn sie sind von einer Dimension, die völlig anders ist als alles, was der Intellekt kennt.

Deine Versuche, das Ego zu unterdrücken, waren in Wirklichkeit ein Weglaufen vor dem Ego, wodurch die Besessenheit von dem Ego nicht nur verstärkt, sondern dem konzeptionellen Ego tatsächlich Substanz gegeben wurde. Vielleicht erinnerst Du Dich daran, daß es genau dieser Punkt war, den ich versuchte Dir klar zu machen, seit wir uns in der Wüste getroffen haben und unsere persönlichen Gespräche begannen. Doch die Bombe mußte genau im vorgesehenen Moment explodieren! Der Intellekt hat alle Angriffe auf seine Panzerung abgewehrt. Tatsächlich ist der Intellekt die Panzerung, die sich das Ego zugelegt hat, um solche Angriffe abzuwehren. Dies ist vielleicht auch der Grund – die Unberechenbarkeit der Explosion – wofür die geschriebenen und die gesprochenen Worte nötig waren: um eine Situation zu schaffen, in der der Intellekt aufgibt und das Ego nackt und verletzlich dasteht, entblößt als ein reines Konzept, was es tatsächlich ist.

Sollte beim Lesen dieser Zeilen ein Gefühl von Freude, Erfüllung oder Dankbarkeit entstehen, genieße es auf jeden Fall, doch ohne ein Gefühl von Schuld. Maharaj mußte seit einiger Zeit gewußt haben, daß das Erwachen in meinem Fall geschehen war. Ich selbst wußte es selbstverständlich auch, doch sah ich keinen Anlaß, mit Maharaj darüber zu sprechen. Doch eines Tages, am Ende der Vormittagsgespräche, als Maharaj sich mit seinem *Paan* entspannte und Tabak kaute (das geschah, bevor der Krebs bei ihm entdeckt wurde und er gezwungen war, es aufzugeben), schaute er mich plötzlich an und sagte: »Es macht mich glücklich, zumindest in einem Fall das Instrument gewesen zu sein, um ein Erwachen zu ermöglichen.« Ich war überwältigt und fiel zu seinen Füßen. Auch wenn ich wußte, daß keine Bescheinigung von meinem Guru nötig war, doch als dies geschah, spontan und unerwartet, überkam mich eine immense Freude.

Du schreibst weiterhin, daß Du noch nicht das Gefühl hast, daß Deine Flucht zu Ende sei, auch wenn sie langsamer geworden ist.

Die Briefe

Du hast intuitiv diese »Flucht vor dem Ego« mit dem Konzept des »Zeugeseins« in Verbindung gebracht, das nicht vom Verstand kommt, sondern vom unpersönlichen Noumenon. Du sagst auch, daß Du nicht völlig akzeptieren kannst, daß Du an dem Punkt angekommen bist, wo die Flucht endet. Mein lieber O., über diesen Punkt brauchst Du keinen Zweifel zu haben. Du bist wie ein Gefangener, der plötzlich aus seinem Gefängnis befreit worden ist: Das Tor steht offen, doch er kann nach so langer Gefangenschaft einfach nicht glauben, daß er plötzlich frei ist. Und der Witz ist – ein grausamer Witz –, daß er sicherlich hinter Gittern war und somit eingekerkert, doch das Tor war niemals verschlossen. Wenn man ihn auf diese Tatsache hinweist, dann braucht es einige Zeit, bis er das wirklich glaubt.

Du hälst den Schlüssel in Deiner Hand, wenn Du sagst: »Tatsächlich werden die Worte ›egoistisch oder nicht‹ mehr und mehr wirksam.« Sehr bald werden selbst die Worte (die ausgesprochene Gedanken sind) nicht mehr erscheinen, da ein jegliches Ereignis selbst (Gedanken eingeschlossen) ohne Urteil akzeptiert werden wird; und, dies ist sehr wichtig, selbst wenn ein Urteil gefällt wird oder eine Reaktion geschieht, wird dem keine Wichtigkeit beigemessen. Mit anderen Worten: Dem Ereignis wird »gestattet« zu geschehen, ohne sich Gedanken über irgendwelche damit verbundenen Aspekte oder Konsequenzen zu machen. Gedanken tauchen auf, Handlungen geschehen. Egoistisch? Wen kümmert es?

Ich greife vielleicht einer zukünftigen Entwicklung voraus, aber das macht nichts. Wenn diese Einstellung von »Was macht das schon?« für einige Zeit weitergeht, dann wirst Du den letzten Schleier erreicht haben, der die Form eines Zweifels hat: Als ich total in materiellen und weltlichen Dingen involviert war, habe ich mich in keiner Weise um das Ego gekümmert, denn ich war mir des Ego völlig unbewußt, außer in grundsätzlichen Begriffen von »richtig« und »falsch«, die auf gewissen moralischen und rechtlichen Verhaltensmaßregeln basieren. Dann kehrte sich der Verstand nach innen, und ich lernte das Ego kennen und konsequenterweise auch das Bedürfnis, es loszuwerden. Seitdem war ich sehr mit dem Ego beschäftigt. Jetzt bin ich plötzlich nicht mehr mit dem Ego beschäftigt. Was ist mit dem spirituellen Fortschritt geschehen, den »Ich« zu machen glaubte? Bin ich plötzlich auf dem Rücken der Schlange zum Ausgangspunkt zurückgerutscht, nachdem ich auf der Leiter aufgestiegen bin und mit großer Anstrengung einen gewissen Punkt erreicht habe? – Wie ich bereits sagte, ich habe diesen letzten Schleier vorausgesehen – registriere bitte das Wort »Schleier«, nicht »Hindernis«! Wenn der Gedanke an das Ego selbst abwesend ist, dann hat ein tiefes Verstehen »übernommen«, da eine Transformation von der individuellen Persönlichkeit zur Unpersönlichkeit der Totalität geschehen ist. Das »Ich« ist tot. Gedanken werden nicht plötzlich verschwinden, doch wenn sie erscheinen, dann geschieht ein Zeugesein, und es wird »niemanden« geben, der ihr Zeuge ist. Tatsächlich ist das Zeugesein selbst ein Konzept, und somit kann es kein Gewahrsein dieses Zeugeseins geben. Wen kümmert es, ob es ein solches Gewahrsein gibt oder nicht?!

Du hast gesagt: »Wenn ich über die Funktionen des Egos nachdenke, dann scheine ich das mit dem Ego zu tun.« Das ist, mein lieber O., genau der springende Punkt: Warum sich Gedanken um die Funktionen des Verstandes machen? Erinnere Dich daran, Du hast aufgehört, vor dem Ego davonzulaufen. *Du bist immer im ICH BIN, ob im Tiefschlaf oder wach. Der Kreis hat sich geschlossen:* Das konzeptionelle Ego war von Anfang an nicht vorhanden, dann schien es integriert zu werden, und nun hat es sich aufgelöst. Wer könnte sich über was Gedanken machen? Genieße das Leben als ein Gefühl von Präsenz, solange es dauert.

25. April 1988

Das völlig spontane Gefühl von »LIEBE«, das Dich überkam, als wir unser letztes Telefongespräch am 16. März beendeten, war tatsächlich das tiefste Eintauchen in den ICH-BIN-Zustand, der wir alle sind. Dies ist ein tieferes »Eintauchen« in die Liebesbeziehung zwischen dem Guru und dem Schüler, die eine bestehende Voraussetzung *in der Phänomenalität* ist, ein Eintauchen in die Auflösung der Kontinuität zwischen der Phänomenalität und der Noumenalität. Noumenalität und Phänomenalität sind nicht getrennt: Die Phänomenalität ist der objektive Ausdruck der Noumenalität, und ein gelegentliches Eintauchen in die Noumenalität geschieht immer wieder. Ein solches Eintauchen geschieht immer im augenblicklichen Moment, dies ist die Erfahrung der Unsterblichkeit, die wir alle sind.

Du schreibst: »Heute scheine ich zum erstenmal, wenn die Erinnerung auftaucht, ohne jegliche Anstrengung in den ICH-BIN-Zustand einzutauchen.« Sehr bald wirst Du erkennen, daß »Du« immer in dem ICH-BIN-Zustand bist, genauer ausgedrückt, es ist der ICH-BIN-Zustand, der immer vorherrscht, und der »andere« Zustand ist nichts Fremdes, sondern ein normaler Zustand innerhalb der Phänomenalität, welcher zwangsläufig das »Nicht-im-ICH-BIN-Zustand-Sein« mit einschließt. Das zu realisieren bedeutet, von der Angst vor dem Ego erlöst zu sein.

Wie Du weißt, scheue ich mich davor, Beispiele zu geben. Doch das ist ganz einfach, wie wenn man auf der Autobahn im höchsten Gang fährt – der Normalzustand. Wann immer Du ein Verkehrshindernis wahrnimmst oder voraussiehst, nimmst Du Deinen Fuß vom Gas und schaltest zurück, bis Du wieder hochschaltest, sobald das Hindernis vorüber ist. Die »Erinnerung oder das Erscheinen des Gewahrseins, daß ich nicht im ICH-BIN-Zustand war«, von der Du schreibst, ist das Gewahrsein, daß Du nicht im höchsten Gang gefahren bist, sondern wegen eines Hindernisses in einem niedrigeren Gang. Diese Erinnerung trifft mit dem Verschwinden des Hindernisses zusammen, wodurch Du wieder sanft in den höchsten Gang (von ICH BIN) raufschaltest. So wie der Verkehr stärker wird, mußt Du des öfteren herunterschalten, und in dem Ausmaß wirst Du weniger im höchsten Gang fahren.

Somit wirst Du feststellen, daß gewisse Ereignisse (über die Du keine Kontrolle hast), »einen längeren Zeitraum von immenser Ablenkung erzeugen« und fast unweigerlich von Momenten abgelöst werden, in denen »mir die Gnade des Geschenkes der Geschenke zuteil wurde, und schließlich die Zweifel über das ICH BIN ausgeräumt waren.« Dieser Wechsel der Gänge ist ein völlig normaler Prozeß.

Das bringt mich zum letzten Punkt dieses Briefes. Deine Aussage: »Die Überzeugung, daß ich vom Unbekannten abhängig bin, um diese Gunst (im ICH BIN zu sein) zu erfahren, erzeugte in mir gelegentlich die egoistische Angst, daß dieses Geschenk mir wieder genommen würde, und ich dann verloren wäre.« Das ist wirklich der entscheidende Punkt. Diese Angst wird verschwinden, wenn Du Dich daran erinnerst – oder Deine Aufmerksamkeit auf die Tatsache lenkst –, daß ein »Du« oder ein »Ich« nicht dieses Geschenk bekommen kann, daß es nichts gibt außer Bewußtsein, welches diesen Prozeß der Identifikation als ein getrenntes Wesen selbst begonnen hat. Der Prozeß der Identifikation hat für eine gewisse Zeit angehalten, und irgendwann hat sich der Verstand nach innen gekehrt, der Prozeß der Disidentifikation begann und hat einen großen Schritt nach vorne getan. Nun bleibt nur, vom »Fortschritt« dieses Prozesses Zeuge zu sein. Wer ist Zeuge dieses Fortschritts? Natürlich das Bewußtsein. Es gibt nichts außer Bewußtsein, in dem die Manifestation erschienen ist und in dem der Prozeß der Identifikation und der Disidentifikation als ein Teil des Ablaufs geschieht. Kein »Ich« hat irgend etwas damit zu tun. Wie es Ramana Maharshi so positiv ausgedrückt hat: Wenn sich der Verstand einmal nach innen gekehrt hat, dann hast »Du« Deinen Kopf in den Rachen des Tigers gesteckt und es gibt kein Entrinnen (vom Geschehnis der Erleuchtung).

28. April 1988

Die Totalität der Manifestation ist eine Erscheinung im Bewußtsein wie ein Traum. Ihr Ablauf ist ein *unpersönlicher* und sich selbst erzeugender Prozeß in der Phänomenalität. Die Milliarden von Geisteswesen sind lediglich die Instrumente (geträumte Charaktere ohne freien Willen), durch die dieser unpersönliche Prozeß abläuft. Das klare Erfassen dieser Wahrheit bedeutet die Belanglosigkeit des menschlichen Individuums als ein Suchender und damit ERLEUCHTUNG.

Es gibt nichts außer Bewußtsein. Jedes Ereignis, jeder Gedanke, jedes Gefühl, das sich auf ein »Individuum« bezieht, ist eine Bewegung im Bewußtsein, *erzeugt vom Bewußtsein*. Wenn alles Wasser ist, dann stellt sich nicht die Frage von einem Wassertropfen, der die »Feuchtigkeit des Wassers« sucht! – oder sich mit dem Wasser vereinigen will!

Die Briefe

Du schreibst: »Der Eintritt in das ICH BIN geschieht heute praktisch ohne Anstrengung, und er bleibt für längere Zeiträume.« Dabei geschieht folgendes: Das ICH BIN ist der Normalzustand, und die Bewegungen *heraus aus diesem Normalzustand* durch den Verstand-Intellekt werden weniger! Dir erscheint es nur so, als ob ein Eintritt in das ICH BIN geschieht. Diesen feinen, jedoch wichtigen Unterschied zu durchschauen, ermöglicht das Zeugesein der Bewegungen des Verstandes/Intellektes, der momentan den Normalzustand von ICH BIN überschattet. Dies ist lediglich wie das Wechseln in einen niedrigeren Gang, wenn man auf der Autobahn fährt und der Verkehr es erfordert. Noch wichtiger ist, daß dieses Erkennen die *Angst* vor dem Ego beseitigt, denn das Ego oder die Identifikation mit dem Körper ist unabdingbar, um Handlungen durch den Körper geschehen zu lassen – auch wenn der Körper der eines *Jnani* sein mag. Mit anderen Worten: Egal ob es Maharaj oder Ramana Maharshi war, die Identifikation mit dem Körper mußte bestehen bleiben, solange der Körper lebendig war, doch eine solche Identifikation beinhaltete nicht das Gefühl eines getrennten Handelnden. Ob es Maharaj oder Ramana Maharshi war, wenn sie bei ihrem Namen gerufen wurden, dann kam eine Reaktion, doch der Körper-Verstand wurde als ein Objekt betrachtet, genau wie jedes andere Objekt innerhalb der Manifestation.

Dein Zitat aus *I am that* (»All dies Leiden wird vom Menschen erschaffen, und es liegt in den Händen der Menschheit, es zu beenden.«) ist ein sehr interessantes Beispiel für die Begrenzungen a) der Sprache, b) der Übersetzung und c) des Auffassungsvermögens des Besuchers, den Punkt zu verstehen. Ehrlich gesagt hatte Maharaj – wie er selbst recht oft und recht offen sagte – nicht die physische Kraft und Geduld, jeden Punkt im Detail zu erklären. Ich weiß auch, daß er manchmal absichtlich keine detaillierte Erklärung abgab, weil er den Schüler nicht mit dem Löffel füttern wollte. (Ich erinnere mich an einen Fall, als ich etwas Kryptisches, das Maharaj gesagt hatte, sehr detailliert übersetzte. Eine Dame, die regelmäßig zu den Gesprächen kam, wollte eine genauere Erklärung, und sie schaute mich fragend an. Fast in einem Reflex öffnete ich meinen Mund, um es zu erklären, als Maharaj sehr laut und scharf rief: »Nein.« Er wollte, daß die Dame, die einen Doktor in Indischer Philosophie hatte, es für sich selbst herausfindet.) Wäre der Besucher der Angelegenheit genau gefolgt (Wie kann das Leiden vom Menschen erzeugt werden, wenn er gar nicht existiert, außer als ein Objekt, ein kleiner Teil der gesamten Manifestation – wie kann es also in den Händen der Menschheit liegen, das Leiden zu beenden?), dann hätte er wahrscheinlich von Maharaj einen bestätigenden Blick erhalten, und Maharaj hätte eventuell erklärt, daß das Leiden in dem Sinne vom Menschen erzeugt wird, wie der Verstand/Intellekt sich mit jenem Leiden identifiziert, und daß es in dem Sinne in den Händen der Menschheit läge, es zu beenden. Dies kann aber nur geschehen, wenn erfaßt wird, daß alle Freuden und Leiden nur momentane Bewegungen im Bewußtsein sind. Daraus entsteht ein Gefühl der Loslösung von diesem Leiden, wodurch es sich auflöst. Der wesentlich subtilere Punkt ist selbstverständlich, daß das Entstehen des Leidens durch die Identifikation und das Ende des Leidens durch die Disidentifikation beide ein Teil des Ablaufs der Totalität sind. Somit kann die Illusion der Identifikation und deren Beseitigung durch das Verstehen, durch das Erfassen, nicht in den Händen irgendeines Individuums liegen, das selbst eine Illusion ist, das absolut keinen eigenen, freien Willen hat.

Somit taucht die Frage auf: Was kann man also tun? Das kann nur mit einer Gegenfrage beantwortet werden: Von wem getan werden?! Es gibt nichts außer Bewußtsein, und das »menschliche Wesen« ist lediglich ein Objekt in dieser unfaßbaren, phantastischen Manifestation und deren unpersönlichem, sich selbst erzeugendem Ablauf. Wenn es nur die unpersönliche Manifestation und deren sich selbst erzeugenden Ablauf gibt, dann sticht nur eine Tatsache hervor: daß der Mensch als eine getrenntes Wesen lediglich ein Konzept, eine Illusion ist, und ein Konzept oder eine Illusion kann unmöglich irgendwelche Pflichten oder Verantwortungen haben, kann unter keiner Schuld oder Reue leiden – genau wie eine Person in einem Traum, deren Eskapaden nur bezeugt werden können, doch es ist nicht möglich einzugreifen. Eine solche Akzeptanz mündet in einem unglaublichen Gefühl von Freiheit oder Erleichterung, was oftmals fälschlicherweise als GLÜCKSELIG-

Die Briefe

KEIT oder LIEBE bezeichnet wird, wodurch eine Menge Verwirrung entsteht. Wie auch immer man es benennt oder beschreibt (recht unnötigerweise), die absolute Wahrheit bleibt: Es ist kein Objekt, das von dem illusionären, menschlichen Wesen durch irgendwelche illusionären Anstrengungen erreicht werden kann.

2. Mai 1988

H., den Du vielleicht bei den Gesprächen in Los Angeles getroffen hast, hatte ein zwölftägiges, spirituelles Seminar, verbunden mit einem Urlaub, für eine Gruppe von ca. 32 Teilnehmern (zwei amerikanische Damen aus San Francisco nahmen auch daran teil) in Kovalam Beach, einem Urlaubsort nahe dem Südzipfel Indiens, organisiert. Das Meer war warm, und das kleine, jedoch saubere und komfortable Hotel war ausschließlich für die Gruppe gebucht, daher waren immer, wenn keine Gespräche stattfanden, eine größere Anzahl von Leuten zu jeder Tageszeit – und in den mondklaren Nächten! – am Strand oder im Wasser. Das Hotel liegt direkt am Meer und hat einen fast privaten Strand, den man durch ein kleines Tor neben dem Hotel erreichen kann.

Die Gruppe war typisch deutsch: intensiv, sehr interessiert an der Sache und offensichtlich gut vorbereitet. Die Reaktion bestand zu Anfang natürlich aus starker Ablehnung gegenüber dem, was ich zu sagen hatte. Es war in dieser Angelegenheit auch nicht hilfreich, daß ich gleich beim ersten Gespräch spontan sagte, daß ich Widerstand willkommen heiße, daß ich jedoch die Absicht, auch wenn ich mir des deutschen Charakters (den ich grundsätzlich sehr schätze) sehr wohl bewußt wäre, nicht hätte, die Wünsche und Erwartungen, die die Gruppe an mich hat, zu erfüllen. Ich bat sie lediglich darum, ihre vollständige Aufmerksamkeit dem zu widmen, was ich zu sagen hätte – und dann die Würfel fallen zu lassen, wie sie sollen!

Es war recht bemerkenswert, daß gleich am ersten Tag ein junger Mann (ungefähr 30 Jahre alt) die Feststellung machte, daß er nicht das Gefühl habe, in der Gegenwart von Wahrheit zu sein, und daß er bezweifele, daß »ich erleuchtet« sei. Ich konnte nicht anders als laut herauszulachen. Ich sagte zu ihm, daß es mir leid täte, wenn er enttäuscht sei, da aber nicht von H. zu erwarten sei, daß er ihm sein Geld zurückgäbe, würde ich ihm raten, sich zu entspannen und mir zuzuhören. Vielleicht schon recht bald würde er ein klareres Bild davon haben, was »er« ist, was »ich« bin und was Wahrheit ist. Am dritten Tag war er so sehr berührt von etwas, was ich gesagt hatte, daß er seine Hand hochhielt, um eine Frage zu stellen. Als ich ihn anschaute und lächelte, brach er plötzlich in ein starkes, unkontrolliertes Weinen aus, das offensichtlich auch verschiedene andere Leute beeinflußte.

Insgesamt gesehen war es eine sehr interessante Erfahrung mit einer homogenen Gruppe, die einer Reihe von Gesprächen beiwohnte. Es gab mindestens sieben oder acht »Transformationen« gewisser Art – ein oder zwei wirklich tiefe –, welche die Antwort auf die Frage gaben, warum es geschah, daß ich zu dieser Zeit an diesem Platz war.

Du hast einen sehr interessanten Punkt angesprochen. Euphorie ist ganz gewiß der Friede des Verstandes, den das »Ich«, der Verstand/Intellekt, das Ego, sucht, doch sehr schnell wieder verwirft und ihm widersteht, weil es so ungewohnt ist und es daher auch Angst vor diesem Zustand hat, der in Wahrheit unser natürlicher Zustand ist: »Dem gesegneten, intuitiven Verstehen«, von dem Du sprichst. Doch er kann »Dich nicht aus dem Jammertal befreien«, denn in diesem Zustand ist das »Ich« völlig abwesend und braucht somit nicht aus dem Jammertal befreit zu werden!

In dem gleichen Kontext sprichst Du von der »Suche«, die man nicht verfolgen soll, und Du fährst fort: »Andererseits sagt Buddha in einer seiner bekanntesten Sutras, daß wir auf nichts vertrauen sollen und uns nur auf das verlassen sollen, was uns unsere eigenen Untersuchungen lehren.« Ehrlich gesagt, mein lieber A., gibt es kein »andererseits« in der Aussage von Buddha. Buddha hat ganz klar impliziert, daß nichts in blindem Vertrauen akzeptiert werden soll, egal wie »heilig« die Schriften auch sein mögen. Man sollte nur dem vertrauen, »was uns unsere eigenen Untersuchungen lehren.« Diese Untersuchungen sind im »Vedanta« begrifflich in drei Gruppen unterteilt: a) Worte, vom Meister zu hören (im modernen Zusammenhang vielleicht auch zu »lesen«), b) darüber zu meditieren (und die Zweifel auszubügeln) und

Die Briefe

c) sich in dem zu stabilisieren, »was uns unsere eigenen Untersuchungen lehren«. Ist die Zeit »reif« und der Ort entsprechend, dann werden die Untersuchungen unweigerlich in der Hingabe des Untersuchenden an die Lehre der Unpersönlichkeit, des Zustandes »ohne Verstand« münden (der natürlicherweise auch den Zustand ohne Intellekt einschließt), in dem die »Lehren« ohne die Präsenz eines Verstehenden oder Empfangenden erfaßt worden sind: Die gesamte Manifestation und ihr Ablauf ist ein unpersönlicher, sich selbst erzeugender Prozeß.

Im gleichen Zusammenhang erwähnst Du: »Natürlich kann ich zu mir selbst sagen: ›Es gibt niemanden, der leidet‹, bis ich blau im Gesicht werde, doch ...« Dies ist sehr ähnlich wie die Situation, wenn man »sich selbst« fragt: »Wer bin Ich?«. Du kannst Dich selbst fragen: »Wer bin Ich?«, bis Du blau im Gesicht wirst, und absolut nichts wird geschehen, solange es ein »Ich« gibt, das die Antwort wissen will – denn die Antwort, wie auch immer sie sein mag (tatsächlich gibt es KEINE ANTWORT), wäre immer auf der intellektuellen Ebene. Auch ist die Ausübung der Selbstbefragung kein Mantra und keine Meditationspraxis. Der Kern einer Selbstbefragung ist, *keine* Antwort zu erwarten, denn daraus resultiert, daß die Verwicklung des Verstandes/Intellekts in seinem Prozeß von Konzeptualisierung abgeschnitten wird, diesem Prozeß, Erinnerungen an vergangene Frustrationen und Bilder von Hoffnungen und Ängsten in der Zukunft zu erschaffen.

25. Mai 1988

Der Kern des ganzen Problems ist, daß der individuelle Suchende Zeitlosigkeit im Rahmen von Zeit und Dauer sucht: Er sucht die Beständigkeit der Einheit innerhalb der Dualität der Phänomenalität. Und eines Tages kommt plötzlich – innerhalb eines Momentes – die Erkenntnis, daß die ewige, unveränderliche, höchste Subjektivität – die Realität – nicht als ein Objekt innerhalb der Phänomenalität erfaßt werden kann. Diese Erkenntnis, wenn sie plötzlich kommt, beinhaltet das Gefühl: Es spielte sowieso keine Rolle, wozu die ganze Aufregung?! Dann wird man tatsächlich plötzlich in die Kindheit zurückversetzt, als Worte wie »Gefangensein« und

»Erleuchtung« unbekannt waren, unbedeutend, völlig überflüssig. Selbstverständlich bedeutet »Kindheit« Unschuld, in Verbindung mit Unwissenheit, während die Verwirklichung Unschuld, in Verbindung mit Wissen bedeutet. Selbst dieser Unterschied verschwindet mit dem absoluten Verstehen, daß »Unterschiede« selbst nur ein Konzept in der Phänomenalität sind, daß Unwissenheit und Wissen voneinander abhängige Aspekte eines weiteren Konzeptes sind!

Als Du während unseres Gespräches das Wort »Schwankungen« erwähntest (im Zusammenhang mit dem Verstehen, das in gewissen Momenten so extrem klar zu sein schien und in anderen Momenten wieder entschwindet), kam mir sofort der Gedanke, daß sich diese »Schwankungen« eines Tages in den Rhythmus und die Harmonie der Totalität »einschwingen« (ähnlich dem Phänomen, das man »entrainment« – mutual phase locking, gegenseitige Phaseneinschwingung – nennt, demzufolge zwei oder mehrere Oszillatoren, die eine fast gleiche Schwingung im gleichen Feld haben, dazu tendieren, sich aufeinander »einzuschwingen« mit dem Ergebnis, daß sie mit genau dem gleichen Zeitrhythmus pulsieren). Was dann geschieht, mein lieber O., ist nicht so sehr, daß diese Schwankungen auf einmal ganz aufhören, sondern eine plötzliche Erkenntnis, daß die Schwankungen unerheblich sind, daß sie keine Bedeutung haben, daß sie nur eine Plage für das phänomenale Objekt waren, *weil es ihnen Aufmerksamkeit zollte* – die Schwingungen müssen sogar bis zu einem gewissen Ausmaß weitergehen, weil das die Natur der Phänomene ist. Wellen müssen entstehen, doch für den Ozean spielen sie keine Rolle. Maharaj antwortete immer auf die Frage, ob Gedanken in seinem Verstand auftauchen: »Gedanken tauchen auf, Gefühle kommen hoch, selbst Begierden mögen erscheinen, doch wird ihnen keine Aufmerksamkeit geschenkt, und so verschwinden sie auf leisen Sohlen, so wie sie gekommen sind.«

Es freut mich, daß Dir der Bericht vom Seminar mit der deutschen Gruppe gefallen hat.

Eine Dame in der Gruppe – die Frau des Mannes, der H. geholfen hat, die Gruppe zusammenzubringen; er heißt N. – bekam, so glaube ich, den kleinen Schubs, den sie benötigte. Während des

Die Briefe

Einzelgesprächs begann E., ansonsten eine recht ruhige Person, plötzlich zu reden und ab einem gewissen Punkt mit einer solchen Überzeugung und Gefühl; somit wußte ich, daß sie auf den unsichtbaren Schubs reagiert hatte. Die Worte kamen in einem Schwall hervor, und ihr Ehemann war völlig entgeistert, als sie spontan damit herauskam, daß sie niemals wahrgenommen hatte, wie simpel die ganze Angelegenheit war, daß es tatsächlich kein Ziel zu erreichen gab und daß sie gerne jemand anderem, der es verzweifelt haben möchte, geben würde, was sie in diesem Moment von mir empfangen hatte (womit sie offensichtlich ihren Ehemann meinte, der neben ihr saß), doch daß es in Wirklichkeit nichts zu geben gäbe und niemanden, dem man es möglicherweise geben könnte! Der Ehemann schaute sie mit Tränen in den Augen an, als E. plötzlich ihren Kopf senkte und schwieg.

Bei dem Gespräch am nächsten Morgen kam jemand darauf zu sprechen, daß dieses Verstehen recht illusorisch sei, und E. kam plötzlich mit der Antwort: »Hat das eine Bedeutung? Nichts hat irgendeine Bedeutung!« Jeder war total verblüfft über die völlig unerwartete Antwort aus einer völlig unerwarteten Quelle. Das Wunderbare an der Situation war, daß sie, anstatt verlegen zu sein (was die Zuhörer erwarteten, wie ich vermute), mich über ihr ganzes Gesicht anlachte, ihre Augen schloß und ruhig saß, während ihr Ehemann ihre Hand zwischen die seine legte.

Zusätzlich hatte E.s spontane Bemerkung einen eigenartigen, elektrisierenden Effekt. Sie hatte, als sie vor einiger Zeit an einer Therapie teilgenommen hatte, bei der sie für mehrere Tage jeden Morgen schreien mußte, plötzlich ihre Stimme verloren, und nur ein Flüstern kehrte später zurück – und ihre Bemerkungen kamen als eine Art gepreßtes heiseres Flüstern in einem Ausbruch von Energie. Meine Reaktion darauf war, meinen Arm auszustrecken und mit dem Finger auf sie zu zeigen, während ich sagte: »Ganz genau, liebe E.« Wenn das Erkennen geschieht, daß es nichts gibt außer Bewußtsein, dann laß das »Ich« in seinem Todeskampf im Bewußtsein alle möglichen Bewegungen erzeugen. Was macht das schon? In diesem Verständnis gibt es kein »Ich« oder »Du«, daß die Realität als ein Objekt, außer sich selbst, finden kann. Somit kann, wonach der Suchende sucht, nichts anderes sein als er selbst.

Erleuchtende Briefe

Das Bewußtsein wird seine Identifizierung abwerfen und seine eigene Universalität finden. Laß ruhig während dieses Prozesses der Disidentifikation alle möglichen Bewegungen und Schwankungen im Verstand ablaufen – warum sich damit beschäftigen und *somit* das »Ich« am Leben erhalten?! Tatsächlich ist das Erfassen selbst die Wirklichkeit (denn es gibt niemanden mehr, der noch irgend etwas erfassen könnte), die von den Schwankungen im Verstand Zeuge ist.

Nun zu Deinem Brief vom 8. Mai. Deine Sorge, daß ich mich für Dich überanstrengen könnte, hat mich sehr berührt. Doch gibt es dabei gar keine Wahl, mein lieber O., alles geschieht so spontan. Nachdem ich diesen Brief begann, kam ein Brief von N. (jawohl, der gleiche N.), worin er berichtete, daß verschiedene Mitglieder der Gruppe erfolglos versucht hatten, eine Kopie von den »Eleven Verses To Sri Arunachala« zu bekommen, auf die ich in einem der letzten Gespräche im Seminar Bezug genommen hatte, und er fragte an, ob ich ihm bitte eine Kopie schicken könnte, so daß er davon Kopien für die Interessenten machen könne. Also unterbrach ich diesen Brief am Ende von Seite 2, ließ die Verse aus dem Buch *The Collected Works Of Ramana Maharshi* kopieren und schickte sie zusammen mit einem Brief auf den Weg zu N.

Den Beziehungen zwischen dem Subjekt und dem Objekt in dieser Welt, in diesem Leben, sind die Wege in dem Sinne recht gut geebnet, als daß jedes sogenannte Individuum eine bestimmte Menge Zuneigung von den anderen Individuen, mit denen es in Form von Freunden oder Verwandten in Berührung kommt, erhält, einschließlich der Zuneigung, die es anderen zukommen läßt. Damit will ich sagen, daß alle miteinander verbundenen Beziehungen – mit ihren entsprechenden Freuden und Leiden – bei der Empfängnis eines jeden mutmaßlichen Individuums bereits »eingeprägt« worden sind. Somit ist es also recht sinnlos, jemanden als seinen Feind oder Wohltäter zu erachten. Gleichzeitig gibt es keinen Grund, wegen dieses Verstehens absichtlich auf vernünftige, soziale Konventionen zu pfeifen. Überflüssig zu sagen, daß dies erst recht auf spirituelle Beziehungen und deren materielle Aspekte zutrifft. Was mich anbelangt, da bist Du, W., X., Z. und andere gute Beispiele: alles Teile des Ablaufs der Totalität.

Die Briefe

Hat man diese Situation in ihrer wahren Essenz einmal verstanden, dann spielt all das keine Rolle mehr, das Theaterstück geht weiter und wird beobachtet. Es gibt Ausdrucksformen von Liebe, und um das Gleichgewicht zu erhalten, gibt es andere, deren Natur es nicht ist zu geben, sondern zu nehmen. Auch das ist in Ordnung. Was auch immer geschieht, es wird lediglich bezeugt, und eventuell wird die Vielfalt der Ereignisse bewundert!

Meine Beziehung mit meinem ersten Guru, die sich über 20 Jahre erstreckte, war eine recht seltsame Beziehung. Ich hatte große Hoffnungen, als ich ihn das erstemal aufsuchte, doch fast augenblicklich wurde mir klar, daß er mir nicht bieten konnte, was ich suchte. Trotzdem führte ich die Beziehung auf einer losen Ebene fort, während ich mich in den ersten Jahren immer wieder wunderte, warum ich meine Zeit damit vergeudete. Doch allmählich wurde deutlich, daß ich das Instrument war, wodurch ihm geholfen werden sollte, recht hohe finanzielle Schulden abzutragen, in denen er sich verstrickt hatte. Ich, für meinen Teil, erkannte in all dieser Zeit den Unterschied zwischen dem Realen und dem Oberflächlichen, dem Falschen und dem Echten. Und ich wußte, nachdem ich Maharaj getroffen hatte, daß die 20 Jahre *nicht* verschwendet waren. Später wurde selbstverständlich deutlich, daß die Frage von Verschwendung selbst unbedeutend ist, da das illusorische Individuum einfach keinen freien Willen haben kann, durch den ein vorherbestimmtes Ereignis verhindert werden könnte.

Mit Freude habe ich in Deinem Brief gelesen: »Somit bin ich kein ›Ich‹, sondern vielmehr das ›Sehen‹ oder der ›Ablauf‹ generell. Ein Baum ist kein Gegenstand, sondern ein Prozeß. Ich kann das ohne Einschränkung akzeptieren. Ich kann es tatsächlich sehen.« Das ist wunderbar, laß das Gefühl wachsen. Es ist unerheblich, daß »es noch nicht realisiert worden ist.« Wer kann dies sagen? – daß es noch nicht realisiert worden ist? Wen könnte es geben, um dies zu realisieren? Nun gut, dieser Gedanke ist erschienen. In Ordnung. Sei einfach sein Zeuge. Laß kein bewußtes Warten auf die Realisierung entstehen – es wäre lediglich ein »Ich«, das darauf wartet. Du bist Dir dessen bereits gewahr, denn Du fügst gleich an: »Und darüber gibt es keine Frustration.«

Erleuchtende Briefe

Nun kann ich es mit Überzeugung sagen, ohne das Ego zu füttern: Es kann nicht mehr lange dauern! Denn es gibt ganz einfach niemanden, der sich Gedanken darum machen könnte, wie lange es noch dauert! *Was hat es für eine Bedeutung*?! – für wen?

9. Juni 1988

Es freut mich, daß Dir der Brief an A. gefiel. Bei ihm zeigt sich die Ernsthaftigkeit eines Mannes, der instinktiv erfaßte, daß es etwas wesentlich Fundamentaleres gibt, das das Spielfeld, den Platz darstellt für alles, was in der Phänomenalität geschieht. Ich denke, daß er zu begreifen beginnt, daß es etwas gibt, das die Phänomenalität so vollkommen transzendiert, daß selbst das Nachdenken darüber – oder es gar zu »suchen« – zu einem Witz wird. Nur, wenn etwas jemanden völlig »arm« erscheinen läßt (ich glaube, Meister Eckehart benutzte diese Worte) und »demütig« macht, dann löst sich die Phänomenalität (und natürlich auch deren Ablauf) ganz von selbst auf wie ein Traum beim Erwachen.

Ich war von Deinen Worten recht berührt, als ich las: Während ich wissenschaftliche und technische Abhandlungen schrieb, hatte ich nie etwas Dummes geschrieben. Nun ja, vieles in den »wichtigen Abhandlungen«, die ich damals schrieb, erscheint mir nun als dumm.

Es berührte mich noch mehr zu lesen: »Doch aus einer anderen Perspektive betrachtet (oder ist es die gleiche?) schreibe ich diese ›Dummheiten‹ an Dich in diesem Bruchteil einer Sekunde, weil es genau der unausbleibliche Ablauf ist, der in diesem Moment in der Totalität geschehen muß.« Wie kann in solch einem Verstehen – wen kümmert es, auf welcher »Ebene« es geschieht! – das »Ich« weiterexistieren? Sollte sich das »Ich« tatsächlich irgendwo verstecken, wer könnte Angst vor ihm haben?! Solange das »Ich« weiß, wer der Herr im Haus ist (das funktionierende Element oder das Empfindungsvermögen oder das Bewußtsein), laß das »Ich« doch ruhig den Körper-Verstand-Mechanismus unter den intuitiven Anweisungen des Noumenon *weiter betreiben*.

Es ist ein wirkliches Mysterium, wie ein einzelner Gedanke eine ganze Serie von Ereignissen ins Rollen bringen kann, die wie-

Die Briefe

derum eine Reihe von Auswirkungen auf eine Anzahl von Leuten haben. Es erscheint wie ein »Mysterium«, denn wie Neils Bohr zu Albert Einstein sagte, würfelt Gott nicht mit dem Universum, uns erscheint dies nur so, weil wir nicht die vollständigen Informationen haben, die Gott hat. Darum muß ich immer wieder sagen, daß alles ein Teil des Ablaufs der Totalität ist, und das einzige, was »man« tun kann, ist, Zeuge davon zu sein, was auch immer geschieht. Wird das wirklich tief verstanden, dann kommt damit das Verständnis, daß es »niemanden« gibt, der Zeuge ist. Das Zeugesein geschieht von ganz alleine, und wenn es ein Gefühl gibt, daß es »jemanden« gibt, der Zeuge ist, dann bedeutet das mit höchster Wahrscheinlichkeit, daß eine persönliche »Beobachtung« abläuft, die begleitet wird, wie verstohlen und unbewußt auch immer, von Vergleichen und Beurteilen.

Eine weitere interessante Facette des »Zeugeseins« ist, daß die Ereignisse ständig den Eindruck der Unwirklichkeit eines Traumes erwecken. Das Zeugesein wird auch von einem Gefühl des wunderbaren Mysteriums der Verbundenheit der Zusammenhänge begleitet, jedoch ohne – und dies ist wichtig – das geringste Verlangen, dieses Mysterium zu erforschen. Mit anderen Worten geschieht in dem Moment die tatsächliche Erfahrung von: »Dein Wille geschehe.«

Wie Du in Deinem Brief in bezug auf die Gedanken, die Dir im Zusammenhang mit der Herausgabe des Briefwechsels kamen, sagtest: »Dies scheint bewirkt zu haben, daß ich anfange, mehr an Dich zu denken, d. h. ich erinnere mich öfters an Dich in einer Weise, von der in den Schriften die Rede ist: sich immer an den Guru zu erinnern.«

Abgesehen von der Tatsache, daß Nisargadatta Maharaj sehr selten Schriften zitierte, hatte ich immer, solange ich mich erinnern kann, Zweifel an den Schriften, weil diesen Schriften immer verschiedene Interpretationen zugrunde lagen, manche völlig gegensätzlich. Es war tatsächlich diese Unabhängigkeit von den Schriften, die mich so empfänglich machte für Maharajs Lehren. Seit meiner Kindheit habe ich es im Innersten gespürt, daß es notwendigerweise eine WAHRHEIT geben muß, die nichts mit den Schriften zu tun hat, die zu den organisierten Religionen gehörten

Erleuchtende Briefe

und sich somit gezwungenermaßen voneinander unterscheiden. Vom Schüler zu erwarten, daß er sich immer an seinen Guru erinnert, erzeugt verständlicherweise alle möglichen Fragen und Schwierigkeiten. Zum Beispiel: Wie ist es möglich, sich immer an den Guru zu erinnern, wenn man mit seinen täglichen Routinepflichten beschäftigt ist?! Die Frage der freien Wahl ist selbstverständlich noch wichtiger: Ist es dem Schüler möglich, sich *willentlich* immer an den Guru zu erinnern? Da die essentielle Natur des Verstandes Bewegung ist, muß dann nicht jede Anstrengung, den Verstand selbst zu kontrollieren, zu Frustration und dadurch zu einer Stärkung des Ego führen?! Der entscheidende Punkt in den Schriften ist, daß die Ereignisse in solcher Weise zur gegebenen Zeit geschehen werden, so daß sie auf natürliche Weise den Schüler an den Guru *erinnern*. Wenn sich der Schüler aus diesem oder jenem Grund in ungewöhnlichen Momenten an seinen Guru erinnert, dann entsteht das *Gefühl*, sich immer an den Guru erinnert zu haben. Sich immer an den Guru zu erinnern hat jedoch keinen Wert, solange es ein bewußter Akt ist. Es muß natürlich geschehen – und so geschieht es auch, wenn plötzlich ein Ereignis aus irgendeinem Grund die Erinnerung zum Guru zurückführt oder wenn man mit etwas beschäftigt ist, was den Guru betrifft. Soviel zu den Schriften! Die Schriften benötigen den Intellekt zur Interpretation des Sinngehaltes. Die Wahrheit basiert auf nichts, das eine Interpretation benötigt, und transzendiert somit die Bedeutung.

Ich mußte schmunzeln, als ich las: »Ich habe Dir eigentlich gar nichts zu sagen.«, und dann wird es ein interessanter Brief. Vielleicht erinnerst Du Dich an einen älteren Mann (ca. 75 Jahre) namens K. während des Seminars in der Wüste. Am allerersten Tag kam er zu dem Morgengespräch und hörte der Diskussion sehr intensiv zu. Am Nachmittag saß er in der ersten Reihe und sagte, daß er nur eine Frage hätte. Er begann: »Wir sind die Träumer dieses Lebenstraumes ...«. Meine Reaktion war sehr ungewöhnlich insofern, als ich seinen Satz unterbrach und sagte: »Wir sind nicht die Träumer. Wir sind, als Individuen betrachtet, die geträumten Charaktere.« Ich erwartete, daß er mit seiner Frage fortfahren würde, doch plötzlich schloß er seine Augen, lehnte sich ein wenig

Die Briefe

vor und saß absolut still. Bevor mir klarwerden konnte, ob er sich vor den Kopf gestoßen fühlte, und ich mich in diesem Fall genauer erklärt hätte, sprach mich jemand anderes an, und ich vergaß die ganze Angelegenheit. Als ich mich ihm wieder zuwendete, schaute er mich mit bewundernden Augen an und hatte einen äußerst zufriedenen Ausdruck auf seinem Gesicht.

K. hat mir vor ein paar Wochen einen Brief geschrieben, der mit fast den gleichen Worten begann: daß es eigentlich nichts zu berichten gäbe, und schrieb dann einen sehr interessanten Brief. Er ist ein sehr belesener Mann, doch trägt er sein Wissen mit Anmut und Demut.

Siehst Du, ich hatte Dir auch nichts zu berichten, als ich diesen Brief begann – und ich weiß tatsächlich nicht, wann und wo und wie er enden wird! Und das ist, mein lieber O., der springende Punkt: Wenn etwas vermittelt werden soll, dann ist das auf der intellektuellen oder der Verstandesebene, in der Relativität. Man beginnt einen Brief, ohne daß man etwas zu sagen hat, und alles, was gesagt wird, wird intuitiv, noumenal!

An der Wand vor meinem Schreibtisch hängt ein Foto von Ramana Maharshi, vielleicht das bekannteste. Er schaut mit dem gütigsten Lächeln, das man sich überhaupt vorstellen kann, direkt in die Kamera. Nachdem ich den letzten Absatz beendet hatte, schaute ich von meinem Schreibtisch auf und direkt in die Augen von Ramana Maharshi, und er schien zu sagen: »Wie wahr!« Bewußtsein, das zum Bewußtsein spricht, vom Bewußtsein bestätigt. Es gibt nichts außer Bewußtsein. Wo ist das große böse »Ich«, vor dem man Angst haben soll?!

Um auf Deine zwei Fragen einzugehen: a) Sexuelle Ablenkung – wer wird abgelenkt?! Erinnere Dich an Yang-Chus Worte: »Laß das Ohr hören, was es hören möchte; laß die Augen sehen, was sie sehen wollen; laß die Nase riechen, was sie riechen will; laß den Mund sagen, was er sagen möchte; laß dem Körper alle Annehmlichkeiten, nach denen er sich sehnt; laß den Verstand machen, was er will ...«. Warum sich selbst damit assoziieren, warum sich überhaupt mit dem Körper identifizieren? Es mag sein, daß Du manchmal weniger Hunger hast als zu anderen Zeiten. Wieso in Kategorien von »›Ich‹ bin mehr oder weniger hungrig« denken? Wenn dann eine Disidentifikation oder Disassoziation mit allem, was dem Körper-Verstand-Mechanismus geschieht, entsteht – ein größerer oder kleiner Hunger nach Sex miteingeschlossen –, so werden die vorherrschenden Tendenzen des Körper-Verstandes lediglich bezeugt, *ohne zu urteilen oder zu bewerten*. Bei dieser Art von Zeugesein wird die Tatsache, daß gewisse Veränderungen geschehen, lediglich bezeugt, ohne diese Ereignisse überhaupt auf »meinen« Körper zu beziehen. Das ist der springende Punkt: Egal, auf welchen Körper sich die Veränderungen beziehen, es ist ein Körper, auf den sie sich beziehen.

Die gleiche Perspektive trifft auch auf den anderen Punkt zu: b) »Wenn die Gesundheit zu wünschen übrig läßt, dann wundere ich mich manchmal, ob das, was begann, als der Kopf im Rachen des Tigers verschwand, genügend Zeit haben wird, um zu seinem endgültigen Abschluß in diesem bestimmten Körper-Verstand-Apparat zu gelangen.« Mein lieber O.: WAS MACHT DAS SCHON? Es kann nur für ein Wesen eine Bedeutung haben, das sich nach solch einer Erfüllung sehnt, und dieses Wesen selbst ist das letzte Hindernis für das Ereignis von Erleuchtung oder Erwachen. Dieses Wesen wohnt jedem Wunsch (oder jeder Erwartung) inne, egal ob es der Wunsch nach niederen Bedürfnissen oder nach einer heiligen Errungenschaft wie der der Befreiung ist. Es gibt nichts außer Bewußtsein, und alles, was erscheint oder geschieht, ist lediglich eine Bewegung im Bewußtsein. Wie kann es also »jemanden« geben, der selbst so etwas wie Erleuchtung anstreben könnte? Der Kopf und der Rachen des Tigers sind beides Konzepte, die sich auflösen, münden oder verschmelzen im VERSTEHEN. Das ist genau, was Maharaj meinte, wenn er immer wieder sagte: »VERSTEHEN IST ALLES.« In diesem Verstehen löst sich das Wesen selbst auf, und es bleibt »niemand«, der etwas will oder erwartet.

Ich war sehr erfreut, daß Du für eine Woche mit Deiner Mutter zusammen warst und zu lesen: »Meine Mutter war sehr glücklich.«

Dein Brief endet mit dem sehr bewegenden Satz: »Ich bin ohne Liebe.« Dies ist die natürliche Struktur Deiner Psyche, die offensichtlich Spuren von dem trägt, was Du »ohne Liebe« nennst. Du magst vielleicht nicht sehr gesellig sein, doch Du bist wahrlich kein

Die Briefe

Menschenfeind. Du hälst Dich vielleicht gern von der Gesellschaft fern, ein Aspekt der Einsamkeit als ein integraler Bestandteil der Struktur des psychosomatischen Mechanismus. Tatsache ist, wie immer man es auch nennen mag, daß es ein psychischer Bestandteil des Mechanismus ist – warum sich also darum Gedanken machen? Daß sich andere Menschen, die das nicht verstehen können, verletzt fühlen, ist unvermeidlich. Je größer der Wunsch ist, diesen Zustand zu verändern, desto stärker ist das Abwenden von dem Was Ist und um so mehr wird sich das »Ich« dessen bewußt, von dem es glaubt, daß es ihm fehlt. Nur wenn das Herz und der Verstand sich der momentanen Situation ohne Angst oder Hoffnung hingeben und die Diskrepanz bedingungslos akzeptieren, kann das Verstehen oder die Transformation geschehen. Der Witz ist, daß die anderen (die sich unglücklich gefühlt haben) die Transformation wahrnehmen und plötzlich feststellen, daß Du »liebenswürdiger« geworden bist.

Auf jeden Fall ist es eine Tatsache, daß in dieser Welt die Liebe fälschlicherweise für etwas Demonstrierbares, wie z. B. gute Sitten, gehalten wird. Doch was ist LIEBE tatsächlich – nicht relativ? LIEBE kann nicht praktiziert, kultiviert oder produziert werden. LIEBE kann nur geschehen.

11. Juni 1993

Ich habe gestern einen Brief an Dich losgeschickt. Der Grund, warum ich so bald nach dem letzten Brief einen neuen begann, ist einer dieser kuriosen Zufälle, die mir – und ohne Zweifel auch anderen – seit einiger Zeit widerfahren.

Dies bezieht sich auf den Punkt in Deinem letztem Brief, in dem Du davon schreibst, daß Du Dich in Zeiten, in denen die Gesundheit zu wünschen übrig läßt, manchmal wunderst, ob das, was begann, als der Kopf im Rachen des Tigers verschwand, genügend Zeit haben wird, zu seinem endgültigen Abschluß in diesem bestimmten Körper-Verstand-Apparat zu gelangen.

Ohne offensichtlichen Anlaß dachte ich heute Morgen daran, ein bestimmtes Buch nochmals zu lesen, das ich vor vielen Jahren gelesen habe – *Letters From Sri Ramanasramam* –, welches aus einer

Erleuchtende Briefe

Sammlung von Briefen besteht, die von einer Dame namens Nagamma, einer Bewohnerin des Ramanasramam, in Telugu (eine der südindischen Sprachen) an ihren Bruder in Madras, einen Herrn D.S. Sastri, ein mir bekannter Bankier, geschrieben hat. Er sammelte die Briefe, übersetzte sie ins Englische und brachte sie vor ca. 15 Jahren als Buch heraus.

In dem Buch las ich von einem Ereignis, das dem recht ähnlich ist, was Du beschrieben hast, und das Ramana Maharshi folgendermaßen kommentierte. Laß mich den gesamten Vorfall wiederholen:

Ein neuer Besucher des Asramam fragte Bhagavan: »Ist es möglich, noch in diesem Körper *Moksha* (Erlösung) zu erlangen?« Bhagavan sagte: »Was ist *Moksha*? Wer erreicht es? Nur wenn es Gefangensein gibt, kann es *Moksha* geben. Wer ist gefangen?« »Ich«, antwortete der Fragesteller. Bhagavan fragte ihn: »Wer bist du tatsächlich? Wie bist du in Gefangenschaft geraten und warum? Finde dies zuerst heraus, und dann kann man daran denken, *Moksha* in diesem Körper zu erreichen.« Unfähig, weitere Fragen zu stellen, blieb er ruhig, und irgendwann ging er.

Nachdem er gegangen war, schaute uns Bhagavan mit gütigen Augen an und sagte: »Viele Menschen stellen die gleiche Frage. Sie wollen in diesem Körper *Moksha* erreichen. Es gibt eine *Sangham* (Gesellschaft), nicht nur heute, sondern auch schon zu früheren Zeiten, wo die Schüler nicht nur unterrichtet wurden, sondern auch Bücher über *Kaya*, *Kalpa* und *Vratas* (Praktiken und Methoden zur Verjüngung) und ähnliche Dinge geschrieben wurden und darüber, daß dieser Körper so stark und beständig gemacht werden kann, daß er unvergänglich wird. Nachdem sie all dies formuliert hatten, unglaublich viele Dinge vollbracht und im Detail darüber geschrieben hatten, starben sie im Laufe der Zeit. Was geschah mit seinen Schülern, wenn der Guru, der Verjüngung gepredigt hatte, starb? Wir wissen nicht, was im nächsten Moment mit einer Sache geschieht, die wir jetzt wahrnehmen. Dauerhafter Friede kann nur gefunden werden, wenn durch Selbsterforschung erkannt wird, daß man

Die Briefe

nicht der Körper ist und durch *Vairagya* (die Abwesenheit von weltlichem Verlangen und Leidenschaften) diese Dinge unwichtig werden. *Moksha* ist nichts anderes als die Erlangung von *Shanti* (vollkommener Friede). Wenn also kein Friede gefunden werden kann, solange der Körper mit dem Selbst identifiziert ist, wird jeder Versuch, den Körper für immer zu präservieren, das Gefühl von Gefangensein eher verstärken als vermindern. Es ist alles Illusion.«[6]

Der Punkt, um den es hier geht, ist selbstverständlich, daß das Individuum eine Illusion ist, Befreiung und Gefangensein ist Illusion und der Rachen des Tigers ist auch eine Illusion. Dieses Ereignis ist in dem Buch die Nummer 37. Davor sagt Ramana Maharshi in Punkt 22 zu *Moksha*:

»Wenn man alles aufgibt und verzichtet, dann bleibt nur *Moksha*. Was könnten andere einem geben? Es ist immer alles da: WAS IST ... Ich soll ihnen *Moksha* geben, sagen sie. Ist das nicht selbst eine Begierde? Gibt man alle Begierden auf, dann bleibt nur eines übrig: *Moksha*«.[7]

Das könnte selbstverständlich besser übersetzt werden, doch man bekommt einen Eindruck von dem, was Maharshi zu vermitteln suchte. Der aktive Unterton, der sich in den Sätzen ausdrückt, der allein durch den ständigen Gebrauch so sehr präsent ist, gibt einen irreführenden Eindruck, denn er impliziert, daß das Individuum etwas tun soll, damit irgend etwas geschehen kann. Die Intention ist jedoch, lediglich zu vermitteln, daß für jegliches Ereignis ein offensichtlicher Grund benötigt wird. Das soll besagen, daß, um Erleuchtung geschehen zu lassen, alle Begierden verschwinden müssen, nicht daß »man« die Begierden aufgeben muß. Dies ist äußerst wichtig: Die Auflösung der Begierden ist tatsächlich ein

---

[6] Sun Nagamma: *Letters from Sri Ramanasramam*. Tiruvannamalai, Sri Ramanasramam 1985, Seite 51/52.
[7] Ebenda, Seite 31.

Zeichen, eine Ankündigung des Ereignisses der Erleuchtung; das heißt nicht, daß »Du« die Begierden aufgeben solltest. Nur ein tiefes Verständnis der Situation in ihrer Gesamtheit, das Verständnis des Was Ist innerhalb der Totalität, läßt das Erkennen *geschehen*, daß es wahrlich und wahrhaftig kein Individuum gibt, das irgend etwas »erreichen« könnte, schon gar nicht ein solch wichtiges Ereignis wie Erleuchtung.

Bevor dieses Erkennen nicht geschieht, steht hinter der Suche nach Spiritualität immer ein Individuum, das sich nach »Ruhe vor dem Verstand« sehnt, und hinter der Sehnsucht nach »Ruhe vor dem Verstand« steht der Wunsch und die Hoffnung, daß Spiritualität nicht das Ende aller Wünsche bedeutet, sondern die Erfüllung aller Wünsche, sobald sie auftauchen! Ein faszinierender, perverser Aspekt der Spiritualität ist, daß Erleuchtung nicht geschieht, bis alle Wünsche – selbst der Wunsch nach Erleuchtung – enden, und wenn die Wünsche enden, dann werden auf unergründliche Weise alle Bedürfnisse (nicht die Wünsche) des sogenannten erleuchteten Individuums erfüllt!

Es ist genau dieser Zusammenhang, in dem Chuang Tzu den »erleuchteten Menschen« als »vollkommen tugendhaft« beschreibt, offensichtlich in scharfen Kontrast zum durchschnittlichen Menschen mit seinen ständigen Begierden und seiner Suche nach Sicherheit: »Der vollkommen tugendhafte Mensch hat im Ruhezustand keine Gedanken, in Aktion keine Angst … Er hat Reichtum zu verschenken, doch weiß er nicht, woher er kommt. Er hat mehr als genug zu essen und zu trinken, doch er weiß nicht, wer ihn damit versorgt …«

In dem Buch *Letters*, das ich gerade lese, fand ich folgende Worte von Ramana Maharshi:

»Als ich in der Höhle in Virupaksha lebte, pflegte ich jeden Abend eine *Myrobalam* zu essen, um dem Darm seine Arbeit zu erleichtern. Eines Tages waren sie restlos aufgebraucht. Da Palaniswamy vor hatte, zum Basar zu gehen, bat ich ihn, einige mitzubringen. Bevor er losging, kam ein Schüler aus dem Dorf und sagte: ›Swami, brauchst du einige *Myrobalams*?‹ Ich antwortete: ›Ja, gib mir ein oder zwei, wenn du welche übrig

Die Briefe

hast‹, und er stellte einen ganzen Sack voll vor mich hin ... Solche Dinge geschahen recht oft, und an viele können wir uns erinnern! Als Mutter zu uns kam und anfing zu kochen, sagte sie manchmal, daß ein Metallöffel recht hilfreich wäre, und ich antwortete: ›Laß uns abwarten und sehen, was geschieht.‹ Am nächsten oder übernächsten Tag brachte jemand fünf oder sechs Löffel verschiedenster Größe. Genauso geschah es mit Kochutensilien. Oder Mutter sagte, es wäre gut, dieses oder jenes zu haben. Kurz darauf tauchten plötzlich zehn anstatt einem dieser Artikel auf. Mein Gefühl war: Genug, genug, wer soll sich darum kümmern? Es gab jede Menge von diesen Vorfällen.«[8]

Ich habe gerade das redigierte Manuskript von *Experiencing The Teaching* erhalten. Es ist kein so umfangreiches Buch wie *Explorations*, vielleicht halb soviel, alles in Form eines Dialoges. Ich habe es sehr genau durchgesehen, und ich habe das Gefühl, daß es ein gutes Buch ist, besonders als eine Zusammenfassung – und praktische Anleitung – der Lehren. Wiederholt richtet es den Fokus auf die Essenz der Lehren: Spontaneität, die selbstverständlich das Verstehen beinhaltet, daß es wahrhaftig »niemanden« gibt, der irgend etwas tun könnte, um entweder das Verstehen selbst oder dessen spontane Anwendung als Erfahrung im täglichen Leben herbeiführen zu können. Begrifflich analysiert läuft diese Erfahrung darauf hinaus, daß man Zeuge davon ist – das Zeugesein geschieht –, daß das Leben plötzlich *trotz aller üblichen Reaktionen auf all die üblichen Ereignisse* die Rolle »eines trockenen Blattes im Winde« übernommen hat. Nichts hat sich verändert, und doch hat sich alles verändert – nichts scheint wirklich von Bedeutung zu sein: Weiterhin geschehen die üblichen Ereignisse, die möglicherweise die üblichen (oder unüblichen) Reaktionen erzeugen, doch tief drinnen ist die Überzeugung, daß die Reaktionen ohne Bedeutung sind! Macht das Sinn für Dich, O.? Ich hoffe sehr.

Jeder sehnt sich nach Ruhe vor dem Verstand, doch niemand versucht herauszufinden (aus dem ganz einfachen Grund, weil die

---

[8] Ebenda, Seite 73/74.

Zeit noch nicht reif dafür ist!), was der Verstand ist oder wer die Ruhe sucht. Sobald die Suche beginnt (zum entsprechenden Zeitpunkt, über den das »Individuum« absolut keine Kontrolle hat), ist es die alles verzehrende Frage: »Wer ist es, der Frieden sucht?«, die den Verstand selbst verschwinden läßt, und was ist der Verstand anderes als das »Ich«, das auf der Suche ist? Somit führt die Suche zu nichts anderem als dem vertikalen Abschneiden des horizontalen Konzeptualisierens des »Ich«, das »Frieden« sucht – und *dadurch den Frieden erzeugend*. Wenn das Konzeptualisieren (welches tatsächlich die Suche selbst ist, den Suchenden eingeschlossen) aufhört, dann bleibt nur, was immer war – FRIEDEN, LIEBE, MITGEFÜHL, ICH BIN oder was auch immer. Der Suchende, das Gesuchte und die Suche formen zusammen den Schleier, der die WAHRHEIT verdeckt, und wenn dieser Schleier zum angemessenen Zeitpunkt und Ort gelüftet wird, scheint die ewig präsente Wahrheit in all ihrem Glanz. Dann geschieht die ERKENNTNIS, daß es nie etwas zu erreichen gab, daß somit »niemand« irgendwelche Anstrengungen unternehmen könnte, daß es nichts gibt, nie gegeben hat, außer Bewußtsein in der Phänomenalität – das unpersönliche Gefühl von PRÄSENZ, ICH BIN – das sich selbst auflöst und mit der Noumenalität verschmilzt, wenn die Urenergie, die das ICH BIN in der Phänomenalität erzeugt hat, sich selbst verbraucht und zu seinem Ursprung zurückkehrt.

Ich bin auf die Kopie einer Aussage gestoßen, die ich während des Seminars mit der deutschen Gruppe in Kovalam im März/April vorgelesen habe. Ich möchte sie für Dich wiederholen:

Was ist AKZEPTANZ?
1. Akzeptanz als solche bedeutet grundsätzlich die gegebenen Charaktermerkmale eines jeglichen Körper-Verstand-Mechanismus als ein Teil der Totalität der phänomenalen Manifestation zu akzeptieren, über die das betroffene Individuum keine Kontrolle hat. Solch eine Akzeptanz führt dazu,
a) die eigenen Begrenzungen als etwas zu akzeptieren, das man nicht durch persönliche Anstrengungen verbessert, sondern die Verbesserungen, falls sie nötig sein sollten, dem natürlichen Prozeß zu überlassen. Eine derartige Akzeptanz verhindert jeg-

Die Briefe

liches Gefühl von Frustration, falls die Bemühungen nicht allzu erfolgreich sein sollten;
b) ohne zu urteilen die Begrenzungen eines jeden »anderen« Körper-Verstand-Mechanismus zu akzeptieren (die Unfähigkeit jenes Körper-Verstand-Mechanismus, in dem Moment zu »akzeptieren«, miteingeschlossen);
c) in jeder Liebes- oder Freundschaftsbeziehung die vorherrschenden, wichtigen positiven/negativen oder agressiven/passiven Rollen zu akzeptieren, die den vorhandenen, natürlichen Charaktermerkmalen der entsprechenden Person in dieser Beziehung entspricht, unabhängig vom Geschlecht (männlich oder weiblich). Diese Akzeptanz dessen, was ist, verhindert die Entstehung von Fragen wie: »Warum bin ich es immer, der nachgeben muß?« Tatsächlich wird eine solch wahres Annehmen oder Verstehen fast immer die Wellen in der Beziehung glätten. Jede besonders schwierige Beziehung wird sich jedoch in jedem Fall auf die eine oder andere Weise im Laufe der Zeit selbst auflösen.

2. Akzeptanz ganz allgemein bedeutet, die Subjektivität Gottes oder der Totalität oder des Bewußtseins oder *Ishwara* gemeinsam mit der Existenz des »Ich«, der Identifikation, als lediglich einem wirkenden Element im Körper-Verstand-Mechanismus zu akzeptieren. Eine solche Akzeptanz führt dazu,
a) den Körper-Verstand-Mechanismus lediglich als ein Instrument zu akzeptieren, durch das Gott oder das Bewußtsein als das SUBJEKT sich selbst objektiv darstellt;
b) daß die Aufmerksamkeit völlig auf die momentane Arbeit gerichtet wird, ohne durch Sorgen über das Ergebnis oder die Konsequenzen an die Peripherie abgedrängt zu werden. Dies führt offensichtlich zu einer Einsparung an Energie, die ansonsten durch Spannungen und Streß verlorengegangen wäre;
c) einer Kombination aus Toleranz und Demut, die in menschlichen Beziehungen absolut unwiderstehlich wirkt. Werden die eigenen Begrenzungen akzeptiert, dann entsteht eine natürliche Toleranz gegenüber den Begrenzungen »anderer«. Die daraus resultierende Demut ist nicht das polare Gegenstück zu »Stolz«. Sogenannte »demütige« Menschen können unglaublichen Stolz

besitzen, wenn die anscheinende Demut wie ein Mantel von Scheinheiligkeit getragen wird. Wahre Demut ist die natürliche Konsequenz der Aufgabe des »Ich« als der Handelnde, der immer im Wettstreit mit dem Rest der Welt liegt.
3. Die Akzeptanz oder das Verstehen machen den entsprechenden Körper-Verstand-Mechanismus oft extrem sensibel, und in dem Ausmaß intensivieren sich die spiegelbildlichen Leiden oder Freuden: Der *Jnani* weint mit denen, die weinen, und er lacht mit denen, die lachen, in beiden Fällen ohne ein Gefühl von persönlicher Verlegenheit.

Ich schrieb diese kurze Abhandlung (welche vervielfältigt und verteilt wurde), als ich feststellte, daß es einige Verwirrung über das Wort »Akzeptanz« gab. Das wurde in den persönlichen Gesprächen offensichtlich. Ein anderes Konzept, das scheinbar einer Klärung bedurfte, war das der »Selbsterforschung«. Daher schrieb ich eine weitere kurze Abhandlung, die ebenfalls kopiert und verteilt wurde:

Selbsterforschung muß notwendigerweise beim »Ich« beginnen. Der Prozeß der Selbsterforschung ist nur in den extrem seltenen Fällen nicht notwendig, bei denen eine augenblickliche Akzeptanz der Worte des Gurus geschieht: daß das »Ich« ein illusionäres Konzept ist (und daß alle Körper-Verstand-Mechanismen lediglich Instrumente sind, durch welche die Totalität oder das Bewußtsein als das einzige Handlungselement abläuft).
Selbsterforschung muß notwendigerweise beim »Ich« und dem Verstand/Intellekt beginnen. Doch in einer solchen Erforschung legt der Intellekt ganz unbewußt eine Falle, versteckt sie unter einer Menge Konzepte, baut eine Schlangengrube und fängt sich selbst in dieser Falle! Aus diesem Grund sagt Ramana Maharshi – oder impliziert –, daß der Intellekt lediglich die Frage stellen kann: »Wer (oder was) bin ich?« Das benötigt das augenblickliche Verständnis, daß der Intellekt nicht die Antwort geben kann, denn er WEIß ES NICHT – er KANN ES NICHT WISSEN: Solches Wissen kann nicht objektiv sein, sondern ist nur eine subjektive Erfahrung des ICH BIN. Man kann den Zustand von Tiefschlaf

Die Briefe

nicht KENNEN, man kann nur im Wachzustand darüber sprechen! Daher sind die Fragen: »Wer (oder was) ist es, der mein Leben lebt?« und: »Was ist meine Beziehung dazu?« nichts weiter als eine Falle, in die der Verstand/Intellekt sehr leicht stolpert und dadurch in den Tiefen der Verzweiflung versinkt. Dann entstehen alle möglichen Zweifel und Probleme, die sich aus den »Erfahrungen« ergeben, die persönliche Anstrengungen oder *Sadhanas* manchmal erzeugen. Während man in Meditation sitzt, »sieht man Lichter« und »hört Geräusche«! Das Entscheidende dabei ist allerdings, daß, wenn ein Licht gesehen, ein Geräusch gehört oder eine Erfahrung gemacht wird, es »jemanden« geben muß, der sieht, hört oder etwas erfährt. Somit muß die Frage gestellt werden: »Wer (oder was) ist dieser jemand?« Und damit ist der Verstand / Intellekt zurück in der eigenen Falle.

Der Quantensprung aus dieser konzeptionellen Falle kann nicht durch irgendwelche phänomenalen Anstrengungen herbeigeführt werden, durch genau die Anstrengungen, die das ganze Problem erzeugt haben. Es kann nur *geschehen*, wenn der sich selbst erzeugende, unpersönliche Ablauf der Totalität erkannt wird, wobei das »Ich«, der »Jemand«, vernichtet wird. Und der Witz – oder besser die Tragödie? – ist, daß ein solches Erkennen nur zum richtigen Zeitpunkt *geschehen* kann, was sich der Kontrolle des phänomenalen Suchenden in Form eines Körper-Verstand-Mechanismus entzieht. Dieses Erkennen ist das plötzliche Endergebnis der Überzeugung des konstant (mental) wiederholten, unwiderstehlichen Refrains: »Es hat keine Bedeutung – nichts hat eine Bedeutung.« Für wen könnte es eine Bedeutung haben? Natürlich für das »Ich«, denn das »Ich« befindet sich im Prozeß der Auflösung, und selbst dieser Prozeß der Auflösung hat keine Bedeutung! Denn nach der Auflösung des »Ich« existiert nur noch, was immer in der Phänomenalität existiert hat: LIEBE, der objektive Ausdruck des absoluten Subjektes, EIGENLIEBE in Form von UNICITY.[9]

---

[9] Ein von Ramesh gern benutztes Konzept von dem Autor Wei Wu Wei, womit weder die Dualität noch die Nicht-Dualität gemeint ist. »Unicity erzeugt die Vorstellung, daß es keine zwei geben kann.«

Erleuchtende Briefe

Wie drückt sich diese LIEBE selbst im Phänomenalen aus? Genau in diesem Punkt gibt es eine Menge Mißverständnisse über die Ausdrucksweise von LIEBE (oder MITGEFÜHL) innerhalb der Totalität durch die Körper-Verstand-Organismen, in denen Erleuchtung geschehen ist. Es läuft darauf hinaus, daß für den betroffenen Körper-Verstand-Mechanismus – egal, welche Handlungen auch immer geschehen mögen – das alles durchdringende Verständnis ist, daß die Handlungen für diesen bestimmten Körper-Verstand-Mechanismus in der Abwesenheit des »Ich« ABSOLUT KEINE BEDEUTUNG haben. Einige dieser Handlungen können selbstverständlich Zweifel im Verstand anderer (jedoch gibt es für den *Jnani* keine »anderen«) erzeugen, bevor nicht das Verstehen geschehen ist. Doch der *Jnani* ist unberührt von solchen Aktionen und Reaktionen der Charaktere in dem Traum.

Das Erwachen erzeugt, mit anderen Worten ausgedrückt, die Tiefe eines Ozeans. Doch das verhindert nicht das Erscheinen von Wellen und Schaum.

5. Juli 1988

Ich habe Deinen Brief vom 20./21. Juni erhalten. Bevor ich darauf eingehe, möchte ich Dir von einem Herrn aus der Schweiz erzählen, der mich während der letzten 20 Tage jeden Nachmittag, außer sonntags, besucht hat.

Ich erhielt am 15. April einen Brief von ihm, in dem er mich fragte, ob ich ihm Ruhe vom Verstand geben und einige Fragen beantworten könnte, für die er bereits seit einiger Zeit die Antworten sucht! Er fügte an, daß er auch für zwei Monate oder gar länger bleiben könnte, wenn ich bereit wäre, ihn zu empfangen. Ich schrieb ihm zurück, daß ich bis Mitte August frei sei, und er mich bis dahin so oft besuchen könne, wie er wolle.

Er kam am 16. Juni an, und er flog heute morgen zurück.

Er war/ist ein ungewöhnlich angenehmer, bescheidener, fast zurückhaltender Mann von 37 Jahren mit einer sanften Stimme und offensichtlich etwas verwirrt – er hat eine qualvolle Reise durch die verschiedenen Formen von *Sadhana* durchlaufen – und war in bezug auf seinen Besuch nicht gerade voller Hoffnung.

Die Briefe

Doch als er zu sprechen begann – er stotterte ein wenig – wurde seine Ernsthaftigkeit offensichtlich, und mein Herz erwärmte sich für ihn. Ich war noch mehr entzückt, als ich ihn mit größter Aufmerksamkeit zuhören sah, wobei er gezielte wichtige Fragen stellte, wenn sie nötig waren – wirklich sehr offen, doch auf keinen Fall bereit, sich einer Gehirnwäsche zu unterziehen. Und er war ganz gewiß aufs Beste vorbereitet – nachdem er verschiedene Yogaformen und Meditationen studiert hatte, und sie sehr entschieden verworfen hatte.

Eine seiner ersten Fragen – sehr zögernd (sein Stottern wurde stärker), voller Respekt – war, ob ich erleuchtet und somit autorisiert sei, seine Fragen zu beantworten und seine Probleme zu lösen! Ich antwortete ihm genauso direkt, daß wir über »Erleuchtung« reden würden, und er dann selbst entscheiden könne, ob »ich erleuchtet« sei oder nicht, doch für sein Anliegen könne er davon ausgehen, daß ich es sei. In seinem Gesicht spiegelte sich eine große Erleichterung, und für ein oder zwei Minuten lehnte er sich zurück, schloß die Augen und sagte dann leise: »Danke. Ich bin Ihnen sehr dankbar. Es bedeutet mir sehr viel.« Am Ende unseres Gespräches, nach zweieinhalb bis drei Stunden, war eine solche Freude auf seinem Gesicht zu sehen, daß es fast amüsant erschien und sicherlich erfreulich war. Gegen Ende des Gespräches sagte ich etwas zu ihm, was ich noch nie vorher zu jemandem gesagt hatte. Ich sagte ihm, daß er nicht länger als zwei Wochen hierzubleiben brauche. Dies machte ihn sehr glücklich, nicht nur in bezug auf das, was stillschweigend gefolgert werden konnte, sondern viel praktischer bedeutete es für ihn, daß er früh genug seinen Rückflug buchen konnte.

Während der nächsten Tage konnte ich mit Freude seine »Fortschritte« beobachten.

Vielleicht bist Du an einigen Punkten interessiert, die diskutiert wurden:

»Was ist meine wahre Natur?«
»Im Tiefschlaf kennst du deine wahre Natur.«
»Im Tiefschlaf weiß ich gar nichts.«
»Ganz genau, du *kannst* im Tiefschlaf nichts wissen.«

Erleuchtende Briefe

»Was heißt das?«
»Es bedeutet ganz einfach, daß deine wahre Natur die Abwesenheit des ›Ich‹ bedeutet, das seine wahre Natur erkennen will.«

»Du läßt jeden Tag 10 000 Fotos von dir in verschiedenen Posen und verschiedenen Kostümen machen. Eines der Fotos oder auch mehrere werden zerstört. Was geschieht dann? Wenn also ein oder mehrere Menschen auf diesem Planeten sterben, dann vergehen selbstverständlich deren Körper. Doch was geschieht mit Jenem, von dem alle Körper eine vielfache Repräsentation darstellen?«
»Natürlich nichts.«

»Du kletterst auf einen Berg, du erreichst die Spitze, du erholst dich auf einer Bank und genießt die Brise: fühlt sich gut an! Du bist hungrig und durstig, also ißt du etwas und nimmst einen Schluck aus der Flasche: fühlt sich gut an! Ein nagendes Problem, das dich schon den ganzen Tag bedrängt hat, löst sich auf: fühlt sich gut an! Das ›Ich‹, das sich gut fühlt, ist nur präsent, wenn der Anlaß in der Erinnerung wiederbelebt wird. Als es sich gut anfühlte, fühlte es sich einfach gut an – da gab es kein ›Ich‹, das sich gut fühlte. Das gute Gefühl verschwand, sobald das ›Ich‹ unbefugt den momentanen Augenblick vereinnahmte und die Angst vor der Zukunft und das Elend der Vergangenheit mit sich brachte.«

»Du gehst schlafen, und du träumst. Du wachst auf, und der persönliche Traum ist vorüber, doch der Lebenstraum beginnt. Mit anderen Worten: Man erwacht also vom persönlichen Traum in den Lebenstraum. Nur im Tiefschlaf gibt es weder den persönlichen Traum noch den Lebenstraum – denn im Tiefschlaf existiert nicht die Trennung zwischen ›mir und den anderen‹. Das Erfassen dieser Tatsache bedeutet das Erwachen zur eigenen, wahren Natur.«

Die Briefe

»Wenn das Verständnis von der nicht-dualen Natur der Noumenalität und der Phänomenalität wirklich tief und vollständig ist, dann werden selbst *Mahavakyas* wie ›Das bist du‹ zu einer unerträglichen Scheußlichkeit. Die *Mahavakyas* waren für das begriffliche Verständnis notwendig, solange es ein ›Ich‹ als ein getrenntes Wesen gab. Doch solange das intellektuelle Verstehen, basierend auf der begrifflichen Dualität von ›Das‹ (als das Absolute Subjekt) und ›Du‹ (als das individuelle Objekt), und das Bedürfnis, die ›beiden‹ zu verschmelzen, nicht durch ein plötzliches Erfassen transzendiert worden sind, bleiben die *Mahavakyas* selbst das Gefängnis. Das endgültige Verstehen kann nur sein, daß es nichts gibt außer Bewußtsein – in Ruhe als die Noumenalität (sich seiner selbst nicht gewahr) und in Bewegung als die Phänomenalität (sich seiner Präsenz als einer Erscheinung gewahr).«

Es war höchst erfreulich zu beobachten, wie M. mit diesen – und vielen anderen – Aussagen fertig wurde. Des öfteren überzog ein Glanz seine Augen, und wenn er gelegentlich meine Worte interpretierte, um eine Bestätigung für sein intellektuelles Verstehen zu bekommen, dann traf er es so genau auf den Punkt, daß es wirklich keiner Bestätigung bedurfte.

Mein neuester Besucher ist ein anderer M. aus Kanada. Er kam gestern zum erstenmal, und die beiden M.s trafen sich für die gesamte Gesprächsdauer von fast vier Stunden. Sie mochten sich auf Anhieb, und es war interessant zu beobachten, wie der schweizerische M. manchmal während des Gespräches so begeistert war, daß er begann, den Kanadier direkt anzusprechen und die Punkte entsprechend seines eigenen Verständnisses und seiner eigenen Erfahrung zu erklären.

Ich habe Deinen Brief gerade noch einmal durchgelesen. Es ist interessant zu beobachten, daß Du nicht allzuviel über die Lehren zu sagen hast und daß diese Korrespondenz ganz offensichtlich die Funktion übernommen hat, lediglich miteinander in Kontakt zu bleiben.

Es freut mich, daß Du Dich überredet hast, Dein Buchprojekt fortzusetzen. In gewisser Weise bin ich recht enthusiastisch, was Deine Anstrengungen in dieser Richtung betrifft, vielleicht weil es etwas ist, daß nicht wirklich durch mich geschrieben wurde wie die anderen Bücher. Ich wäre nicht überrascht, wenn M. nach seiner Rückkehr etwas ähnliches in Deutsch beginnen würde. Selbst im Englischen kann er sich sehr gut ausdrücken, doch sicherlich noch wesentlich flüssiger in seiner Muttersprache. Er erwähnte, daß er einige enge Freunde hätte, die sehr stark an der Sache interessiert seien und auf seine Rückkehr warteten.

Die Veränderungen der eigenen Perspektive gehen ständig vor sich, und lediglich auf unpersönliche Weise Zeuge von ihnen zu sein, kann eine höchst lehrreiche, spirituelle Übung sein.

Wieviele Briefe es noch vor Shardas und meiner Abreise am 19. August sein werden, weiß ich nicht, doch ich würde annehmen mindestens noch einer.

TEIL 2

BRIEFE VON RAMESH

11

Anmerkung
des amerikanischen Herausgebers

»Die Basis ›Wahren‹ Verstehens ist wirklich äußerst simpel: Die Gesamtheit der Manifestation ist eine Erscheinung im Bewußtsein, die genau wie ein persönlicher Traum entsteht – der Wachtraum und der persönliche Traum sind qualitativ in keiner Weise verschieden; der Ablauf dieser Erscheinung ist ein *unpersönlicher* und sich selbst erzeugender Prozeß in der Phänomenalität, und er vollzieht sich mittels der Milliarden von Geisteswesen als Instrumente.«

Dieser einzelne Satz, von Ramesh in einem seiner Briefe an einen Schüler geschrieben, faßt die Basis seiner Advaita-Lehren zusammen. Wenn irgend etwas in diesem Leben als wichtig erachtet werden könnte, dann ist ein tiefes Gewahrsein dieses »wirklichen Verstehens« sicherlich das Wichtigste überhaupt, denn in diesem Verstehen liegt die Antwort zu der fundamentalsten aller Fragen: Was ist der Sinn des Lebens?

Da die Aussage von Advaita (wörtlich: »nicht zwei«) so völlig der dualistischen Sicht der Welt, die zu akzeptieren wir so sehr konditioniert wurden, widerspricht, haben Advaita-Gurus seit Jahrhunderten ihre Schüler meistens auf einer individuellen Basis gelehrt und die speziellen Probleme einer bestimmten Persönlichkeit dabei angesprochen. Somit ist die normale Form des Lehrens das persönliche Gespräch zwischen dem Guru und dem Schüler. Dies vollzog sich in privatem Kreis und manchmal mit einem Individuum oder in einer Gruppe mit mehreren.

Wann immer möglich, hält Ramesh solche Gespräche ab, doch in dieser modernen Welt mag das Zuhause des Gurus und das vieler seiner Schüler durch Tausende von Kilometern getrennt sein. Konsequenterweise hat Ramesh seit ca. sieben Jahren Briefe an seine Schüler geschrieben. Auf diese Weise kommt Ramesh denen entgegen, die ein Bedürfnis verspüren, mit ihrem Guru »in Verbindung zu bleiben«, wenn er physisch nicht präsent ist. Auch wenn Ramesh nur für einige Wochen im Verlaufe eines Jahres (während seiner Auslandsreisen) an verschiedenen auserwählten Plätzen persönlich mit seinen Schülern zusammensein kann, für den Rest des Jahres fährt er fort, die Lehren durch Briefe, die er an Schüler auf der ganzen Welt schreibt, darzulegen.

Es muß betont werden, daß die Mehrheit von Rameshs Schülern nicht mit ihm in Briefkontakt stehen, und doch profitieren sie nicht weniger von ihm als seine Korrespondenten. Die »Programmierung«, die ein jeder Schüler in die Beziehung mit dem Guru einbringt, ist für ihn einmalig und perfekt. Für manche ist das Briefeschreiben ein unvermeidliches Geschehen, für andere ist es ein unvermeidliches Nicht-Geschehen. So gesehen macht es keinen Unterschied.

In der Vergangenheit wurden die Lehren des Gurus oft dadurch einer größeren Öffentlichkeit, die ein Interesse daran hatte, zugänglich gemacht, daß man einige der aufgezeichneten Gespräche veröffentliche. Dieses Buch ist die Veröffentlichung einiger schriftlicher »Dialoge« von Ramesh und seinen Schülern. Seit längerer Zeit hatte Ramesh das Gefühl, daß seine Briefe für eine größere Leserschaft hilfreich sein könnten als nur für diejenigen, an die sie ursprünglich gerichtet wurden. Er schrieb im Februar 1988: »Mir scheint, daß Dein Brief und diese Antwort ein Schriftstück formen könnten, das auch für andere ›Suchende‹ von Nutzen sein könnte. Vielleicht denkst Du darüber nach.« Einige Monate später wurde ein Buch mit seinen Briefen, *From Consciousness To Consciousness*, veröffentlicht.

Einige der einführenden Kommentare in das Buch sind hier in gleicher Weise zutreffend:

»Die folgenden, von Ramesh geschriebenen Briefe sind nicht nur exquisite Darbietungen seiner Lehre, sondern sie verkörpern auch eine wunderschöne Darlegung eines äußerst wichtigen, doch sehr subtilen Aspektes seiner Lehre: der Guru-Schüler-Beziehung. Das Schreiben dieser Briefe ist eine Art Liebeszwiesprache

Anmerkung des amerikanischen Herausgebers

zwischen dem Guru und dem Schüler (LIEBE ist die Freude des Daseins) ...«

»Wenn die Briefe eines Gurus veröffenlicht werden (im Falle eines *Jnani* ein äußerst seltenes, wenn nicht gar einmaliges Ereignis), dann haben sie, eben weil es persönliche Briefe sind, einen besonderen Charme, verbunden mit einer Wärme und Intimität, die wohl kaum von formelleren Niederschriften, die gezielt für eine Veröffentlichung geschrieben wurden, erwartet werden kann.«[10]

Das vorliegende Buch beinhaltet weitere Briefe, die an andere Menschen, mit denen Ramesh im Briefwechsel steht, geschickt wurden. Um soviel Licht wie möglich auf die eigentliche Essenz der Guru-Schüler-Beziehung zu werfen, wurde weiteres Material, das andere Perspektiven eröffnet, hinzugezogen. Der Inhalt wurde in fünf Abschnitte unterteilt:

Im ersten Teil, der Einführung, wird Ihnen, dem Leser, etwas nahegebracht, das man als zwei Voraussetzungen der Advaita-Lehre betrachten könnte, die entscheidend sind, um die wahre Natur der Lehren zu verstehen. Eine davon ist: »Du bist nicht, was du glaubst zu sein.«, und die andere ist: »Der Guru ist nicht, was du glaubst, das er ist.«

Der zweite Teil, »Der Guru«, zeigt uns mittels entscheidender Auszüge aus seinen Briefen, »wer« Ramesh ist. Dies gibt uns einen Einblick in den Unterschied zwischen dem, was wir glauben, was Ramesh ist, und dem, was der Wahre Guru wirklich ist.

Im dritten Teil, »Die Schüler«, wird uns durch die Briefe, die von sechs Schülern an Ramesh geschrieben wurden, ein seltener Einblick in die Guru-Schüler-Beziehung aus der Sicht des Schülers gegeben.

Der vierte Teil, »Die Briefe«, ist das Herzstück des Buches, das 43 Briefe beinhaltet, die an zehn Korrespondenten geschrieben wurden.

Der fünfte Teil, »Postskriptum«, ist im Grunde genommen eine Zusammenfassung des Materials, das in diesem Buch präsentiert

---

[10] Ramesh S. Balsekar: *From Consciousness To Consciousness.* Advaita Press, Redondo Beach, Kalifornien 1989, Seite 7.

Erleuchtende Briefe

wird, doch ist es ausdrücklich auf die eventuellen Bedürfnisse des Lesers an diesem Punkt ausgerichtet und basiert auf Rameshs Erfahrung, daß für die Schüler, wenn bei ihnen das Gefühl entsteht, daß sie die Lehren verstanden haben, immer wieder die Frage auftaucht: »Was soll ich nun tun?«

Dieses Buch handelt von Rameshs Briefverkehr, und alle Zitate seiner Worte, die im Kommentar des Herausgebers in diesem und allen folgenden Teilen erscheinen, sind wörtliche Auszüge aus seinen Briefen.

Die zwei Fotos von Ramesh auf den Innenseiten wurden von einem Korrespondenten im Juni 1988 in Rameshs Wohnung aufgenommen.

Einführung

Ein Herr, genannt L., kam vor einigen Tagen, um mich zu besuchen. Er war Amerikaner – schlank, das Gesicht ausgezehrt, sein Kopf kahlgeschoren, mit durchdringenden Augen. Er erzählte mir, daß er seit mehr als zwei Jahren auf Reisen war, davon die letzten acht Monate in Indien, auf seiner Suche nach der Wahrheit. Er hatte viel über Indien gehört, doch er war durch und durch enttäuscht. Er sagte, er hätte in Indien nichts als Armut und Schmutz gefunden, Bestechung und Gier selbst in den Tempeln, in den *Ashrams* lediglich ein Nachplappern der Schriften und in den meisten gehe es sowieso nur um Geldmacherei. Er war ganz besonders davon enttäuscht, daß er niemanden getroffen hatte, der ihn beeindruckt hätte, trotz all der Roben und Rollen, die viele von ihnen angenommen hatten.

L. erzählte, daß er ein pensionierter Ingenieur sei, seit einigen Jahren im Ruhestand und seitdem ein »Suchender«. Mit seinen 55 Jahren und ohne Verpflichtungen kann er reisen, wie es ihm gefällt. Er fügte hinzu, daß er eine ganze Menge Schriften der verschiedenen Religionen gelesen hatte und sich von der Nicht-Dualität des »Vedanta« äußerst angezogen fühlte. Der Mann war ganz offensichtlich äußerst ernsthaft und ehrlich, doch zumindest genauso offensichtlich war er falsch geleitet worden (obwohl sein »Auf-dem-Weg-Sein« selbstverständlich ein Teil der Bestimmung dieses Körper-Verstand-Mechanismus ist, ein Teil des Prozesses der Disidentifikation, die stattfindet).

Er sprach zu mir ohne Unterbrechung, 20 Minuten lang, und erzählte im Detail alles, was er getan hatte und im Moment tat. Als er für einen Moment innehielt (vielleicht bemerkte er plötzlich, daß ich kein einziges Wort gesagt hatte), fragte ich ihn: »Wenn du weißt, was du zu tun hast, wo du hinwillst und was dein Ziel ist, wo ist dann dein Problem?« Die Frage verwirrte ihn, und er antwortete langsam: »Wenn Sie mich so fragen, dann kann ich nur sagen: ›Ich weiß es nicht.‹« Ich stellte ihm eine zweite Frage: »Du hast von den *Sadhanas* erzählt und den Anstrengungen, die du unternommen hast, um der Wahrheit als ein »Suchender« auf die Spur zu kommen. Wie kannst du etwas suchen, dessen du dir nicht bewußt bist?« Er überlegte für eine Weile und antwortete wieder: »Ich weiß es nicht.« Ich sagte: »Eine letzte Frage zu dem jetzigen Zeitpunkt: Was ist es, das dich in einen ›Suchenden‹ verwandelt hat, wo du doch sicherlich jede Menge Menschen kennst, die einfach kein Interesse an dieser ›Suche‹ haben? War es eine persönliche Anstrengung deinerseits, die diese Suche in Gang brachte, oder war es etwas von ›außerhalb‹, das deinen Verstand nach innen kehrte?« Es war sehr offensichtlich, daß ihn diese Frage bestürzt machte.

Er saß für einige Zeit völlig ruhig, nach vorne gebeugt, den Kopf in seine Hände gestützt. Ich wartete geduldig, bis er sich aufrichtete und mich fragend anschaute: »Es tut mir leid, Sie haben mich mit Ihrer offensichtlich sehr einfachen Frage völlig verwirrt. Niemand hat mir solche Fragen gestellt, in keinen Schriften habe ich diese Fragen gelesen. Ich verstehe auch deren Sinn nicht.« Meine Antwort war: »Der Sinn dieser Fragen ist, daß, wenn du die Antwort zu diesen Fragen findest, du die Antwort auf all deine Probleme gefunden hast.«

Er hielt seine Augen für eine Weile geschlossen, und als er sich wieder aufrichtete und mich mit einem Lächeln auf dem Gesicht anschaute, lag ein gewisser Friede in dem Lächeln, das recht anziehend wirkte ohne die Spannungen, die ein Teil des knochigen Gesichtes mit dem geschorenen Kopf zu sein schienen. Er sagte mit sanfter Stimme, daß ihm noch niemand diese Angelegenheit in einem solchen Licht gezeigt hatte. Ich verspürte ein überwältigendes Mitgefühl für ihn.

Ich wiederholte meine Frage: Was ist es, das ihn sein gewohntes, irdisches Leben aufgeben ließ und ihn in einen Suchenden verwandelt hatte? Nun war er bereit zuzuhören, ohne zu argumentieren. Also fuhr ich fort: »Etwas ›außerhalb von dir‹ hat deinen Verstand nach innen gekehrt. Du hast diese grundsätzliche und wich-

Einführung

tige Tatsache vergessen und seitdem die Rolle eines privilegierten Menschen, eines ›Suchenden‹, angenommen, der eine Menge gelesen hat, viele *Sadhanas* gemacht hat und daher eine Belohnung in Form von Erleuchtung verdient.« Bewußt wartete ich auf seinen Kommentar, und … spontan: »Jawohl«, sagte er leise und … iesem Körper erleuchtet zu werden … strengung zu unternehmen, die nöt…

Ic… und spontan: »Das wirst du nicht … rußt und gewiß unbeabsichtigt muß … t haben. Er hielt es vielleicht für ein … iefbraunen Teint, den er sich auf sein… erhitze Indiens geholt hatte, wurde … zuzufügen: »Verstehe mich bitte rich… rleuchtung nicht durch das Instrume… chehen wird. Ich will nur sagen, daß … kannst, aus einem ganz einfachen … us, daß sich das ›Ich‹ als ein Suchend…

Danach r… tunden. Er war auf dem Weg zu eine… …m für zehn Tage, etwa 100 km entfernt. Als e… …ach, sagte er, daß er nach einiger Zeit zu einem weiteren Gespräch zurückkommen würde.

Diese dramatische Schilderung aus einem von Rameshs Briefen ist der Bericht eines lebendigen Dialoges, in dem der Guru sehr direkt das Problem des Schülers angeht, indem er ihn von der Vorstellung befreit, daß er Erleuchtung erreichen könne. Dies ist eine besonders wichtige Lektion, da *jeder* Suchende von der gleichen Illusion befallen ist. Ist das Verständnis einmal erwacht, daß das Ereignis, das man Erleuchtung nennt, nur in einem Körper-Verstand geschehen kann, in dem sich der illusorische, egoistische »Sucher« aufgelöst hat, dann verschwinden auch die Verhaltensweisen und Einstellungen, die mit der Suche verbunden sind.

Ramesh schrieb die folgenden Kommentare an einen derjenigen, mit denen er in Briefkontakt steht:

Erleuchtende Briefe

»Es ist interessant, daß Du bei D. ein Fehlen von ausreichender Intensität an ›Ernsthaftigkeit‹, wie es Maharaj bezeichnete, vermutest. Dies ist genau der Punkt, den ich immer wieder anführe. Das Verstehen kann nicht ohne eine intensive Ernsthaftigkeit geschehen, und Ernsthaftigkeit kann nicht ›erzielt‹ werden, sie kann nur geschehen! Bis selbst das verstanden worden ist (auch das kann nur geschehen), muß es Schmerz und Frustration geben.«

Da die Gurus sagen, daß intensive Ernsthaftigkeit absolut wesentlich ist, damit das Verstehen geschehen kann, ist es sehr wahrscheinlich, daß der Suchende, von dem hier die Rede ist und dessen Ernsthaftigkeit in Frage gestellt werden, trotzdem weiterhin tief in dem trügerischen Konzept verstrickt ist, daß er sich durch seine persönliche Anstrengung befreien könne. Rameshs Besucher in Indien, der, wie der Guru selbst feststellte, »extrem ernsthaft und ehrlich war«, hielt an genau dem gleichen Konzept fest. Des weiteren demonstrierte sein Verhalten, daß er praktisch alles tun würde, um sein erklärtes Ziel, die Erleuchtung, zu erreichen. Nachdem er viele Jahre größter Anstrengung in seine Suche investiert hatte, war er weiterhin absolut davon überzeugt, daß er fähig sei, die Erleuchtung zu erreichen.

Die Gegenüberstellung dieser zwei Suchenden illustriert die Tatsache, daß das Gefühl: »Ich werde es schaffen!« so unglaublich hartnäckig ist, daß es Suchende auf allen »Ebenen« von Ernsthaftigkeit in die Irre führt. Den Suchenden mental loszulassen ist eine der letzten Entwicklungen in dem »Prozeß«.

Andererseits ist es durchaus möglich, daß Rameshs Besucher von seiner Ernsthaftigkeit zu dem Zeitpunkt, an dem er am empfänglichsten war, zum Guru geleitet wurde, um die Saat des Verstehens durch diesen Dialog eingepflanzt zu bekommen. Indem er einem Korrespondenten von einem anderen Schüler erzählt, in den die Saat des Verstehens bereits eingepflanzt wurde und der eine Ernsthaftigkeit an den Tag legte, die der des erwähnten Suchenden in Indien ähnlich ist, sagt Ramesh:

»Wenn J. sagt, daß er aufgehört hat zu ›suchen‹, dann versteht – und meint – er, daß die Suche von allein aufgehört hat. Der Kreis hat sich geschlossen.«

Einführung

Der entscheidende Punkt, auf den Ramesh immer wieder die Aufmerksamkeit seiner Schüler richtet, ist, daß es nicht die persönlichen Anstrengungen und Initiativen sind, die sie zu Advaita geführt haben, denn die Person, die sie zu sein glauben, und von der sie überzeugt sind, daß sie all die Entscheidungen trifft und ausführt, existiert in Wirklichkeit gar nicht. Sie ist ein Erfindung des Verstandes. Was auch immer im Universum geschieht, die Handlungen der Körper-Verstand-Einheiten aller Suchenden (und aller Gurus) eingeschlossen, ist unvermeidbar. Ramesh berichtet uns von einem weiteren Besucher in Bombay, der, nachdem er dies zum ersten Mal von einem Guru vernommen hatte, zu einem ungewöhnlichen klaren Verständnis kam:

»Daß die Gesamtheit der Manifestation nur eine Erscheinung im Bewußtsein ist, und daß ihr Ablauf ein *unpersönlicher* und sich selbst erzeugender Prozeß in der Phänomenalität ist, machte auf ihn einen tiefen Eindruck. Er selbst kam zu der spontanen Schlußfolgerung, daß somit das menschliche Wesen, das lediglich ein Instrument ist, durch das dieser unpersönliche Prozeß abläuft, auf keinen Fall Autonomie oder die Freiheit der Wahl und Entscheidung haben kann. Er sagte, daß er über 30 Jahre lang auf die maßgebliche Bestätigung dessen gewartet habe, was er seit seinem fünften Lebensjahr ›gefühlt‹ hatte!«

Diese Einführung soll dem Leser helfen, einen Einstieg in die Lehren mit einem zumindest offenen, wenn nicht gar empfänglichen Verstand zu ermöglichen. Im Falle von Advaita wird dieser Einstieg nicht leicht sein, denn diese Lehre widerspricht unseren am meisten geschätzten und tiefverwurzelten Überzeugungen, hauptsächlich der, daß wir die Person sind, die wir zu sein glauben.

Um der Wahrheit, was oder wer wir sind, näher zu kommen, empfehlen Advaita-Gurus manchmal ein einfaches Verfahren: die Selbst-Erforschung. In einem Brief gibt Ramesh eine außergewöhnlich einleuchtende Erklärung:

»Die Selbst-Erforschung: ›Wer bin ich?‹ – oder: ›Wer ist es, der leidet?‹ – oder: ›Wer will das wissen?‹ – oder ... basiert nicht darauf, daß das ›Ich‹ die Frage stellt und eine Antwort erwartet. Selbst-Er-

Erleuchtende Briefe

forschung basiert darauf, daß die Abwesenheit eines jeglichen Wesens, eines jeglichen phänomenalen Wesens, dessen Existenz vom Empfindungsvermögen oder vom Bewußtsein abhängig ist und das somit keine eigene, unabhängige Existenz besitzt, empfunden wird. Zugegebenermaßen ist es das ›Ich‹, der Verstand, der zu Beginn die Frage stellt (und eine Antwort erwartet); doch wenn man das grundsätzliche Prinzip – das Abschneiden des Konzeptualisierens – nicht vergißt, dann schafft die bisherige mentale Tätigkeit, die die Form eines Gedankens, eines Gefühls, einer Wahrnehmung oder eines Wunsches annimmt, allmählich Raum für ein *subjektives* Gefühl vom ›Ich‹, völlig losgelöst von den ehemaligen identifizierten Gedanken oder Wahrnehmungen: Der identifizierte Gedanke gibt Raum für einen Zustand von Verstand-los[11] (zu Anfang zumindest zeitweise), einem Zustand ohne jegliches Konzeptualisieren. Solch periodisch auftretende, subjektive Erfahrungen führen allmählich zu einem mühelosen Gewahrsein des *subjektiven* ›ICH‹, dem wirklich Handelnden, indem die persönlichen Handlungen immer mehr im Hintergrund verschwinden und zusammen damit auch das Leiden, das mit dem ›Ich‹ verbunden war.«

Wie Ramesh immer wieder gesagt hat, gibt es kein »Wer?«, denn das Pronomen impliziert die Existenz einer Person. Somit beginnt das Verständnis dessen, was »man« ist, damit, daß man herausfindet, was man nicht ist. Das ist dem Prozeß sehr ähnlich, der stattfindet, wenn man herauszufinden versucht, wer der Guru ist, indem man herausfindet, was er nicht ist, denn der Suchende hält den Guru irrtümlicherweise für eine getrennte, individuelle Person; das ist genau dasselbe falsche Bild, das er auch von sich selbst hat. Die Feinheit dieses Unterschiedes zwischen dem konventionellen Bild vom Guru und der Natur des Wahren Gurus hat Ramesh durch zahlreiche, sehr offene Feststellungen über sich selbst verdeutlicht, die in dem folgenden Teil, »Der Guru«, präsentiert werden. An diesem Punkt jedoch erscheint es ratsam, kurz einige der größeren Mißverständnisse in bezug auf den Guru zu be-

---

[11] Im englischen Text »no-mind« (Anm. des Herausgebers).

Einführung

trachten. Um dies zu tun, ist es jedoch notwendig, eine recht ungewöhnliche Facette von Rameshs Briefwechsel zu erklären.

Von Zeit zu Zeit legt Ramesh seinen Briefen noch etwas anderes bei. Das mag, wie bereits erwähnt, die Kopie eines Briefes sein, den er jemand anderem geschrieben hat und den er für jemand anderes auch als hilfreich erachtet. Doch gelegentlich mag der Guru als Antwort auf die Frage eines Briefschreibers eine Abhandlung über das Thema schreiben (bis zu 15 Seiten lang) und sie dem Brief beilegen. Während der jährlichen Seminare in Kovalam Beach schrieb Ramesh für die Teilnehmer einige Abhandlungen, die Punkte erläuterten, die für einige Zuhörer besonders schwer zu erfassen waren. Später wurden Kopien dieser Abhandlungen einigen Briefen beigelegt.

Sechs Auszüge, die von mehreren der Abhandlungen stammen, die Ramesh 1990 an verschiedene Korrespondenten verschickt hatte, stellen die Gedanken des Gurus über verschiedene weitverbreitete falsche Vorstellungen dar, wie zum Beispiel: Die Legitimität eines Gurus kann ihm nur von seinem Guru durch eine ordentliche Initiierung verliehen werden; Gurus müssen ihre »magischen« Kräfte zur Schau stellen, um in den Schülern Zuversicht zu erwecken; der Guru sieht die Guru-Schüler-Beziehung genauso wie der Schüler selbst; auch wenn der Guru den Schüler leiten mag, liegt es am Schüler selbst, sich zu entscheiden, die nötigen Anstrengungen zu unternehmen, um seinem Streben Erfolg zu verleihen; ein Erleuchteter Guru sollte ein Leben der Entsagung führen und ein Guru muß seine Schüler anweisen, die Dinge zu tun, die sie befreien. Es ist interessant, daß Ramesh in seinen letzten Ausführungen die Worte eines anderen Advaita-Gurus, den er sehr verehrt, zitiert:

»In diesem Zusammenhang muß klargestellt werden, daß, im allgemeinen Sinn des Wortes, der Guru mit dem Recht versehen worden sein muß, Schüler einzuweihen und ihnen spirituelle Praktiken zu verschreiben. In diesem Sinne ist eine gültige Einführung notwendig, um seinen Handlungen die entsprechende Gewichtung zu verleihen, genauso wie die religiösen Rituale eines Priesters eine gültige Ordination voraussetzen, um ihnen die nötige

Gewichtung zu geben, egal von welcher Qualität sein intellektuelles Format, seine Rechtschaffenheit oder moralische Integrität sein mag. In gleicher Weise würde die Echtheit des Gurus und der Wert seiner Disziplinen und Einweihungen nicht von seinen eigenen, ihm innewohnenden und erworbenen Fähigkeiten abhängen, sondern von seiner legitimen Amtseinführung als ein Nachfolger in der Linie der Gurus in irgendeiner bestimmten Sekte oder Untersekte. Doch es ist offensichtlich nicht die Auslegung des Wortes ›Guru‹, an der wir interessiert sind.«

Die Sufis bezeichnen Wunder als Schleier, die »zwischen der Seele und Gott« liegen. Meister der Advaita-(Nicht-Dualität)Philosophie und des Mystizismus warnen ganz spezifisch vor der Kultivierung und der Ausübung von *Siddhis* (die sogar unbeabsichtigt erscheinen können) als ein unüberwindliches Hindernis auf dem Weg zum Erwachen oder zur Befreiung. Dann gibt es natürlich noch den charakteristischen, knappen Kommentar Buddhas zu der imposanten Leistung von Schwerelosigkeit von einem seiner Schüler: »Das wird nicht der Verwandlung des Unverwandelten förderlich sein und auch nicht zum Vorteil des Verwandelten.«

Die Notwendigkeit eines Gurus und die Existenz einer Guru-Schüler-Beziehung ergeben sich nur aus der Sichtweise des Schülers, der nicht anders kann, als die Dinge vom Standpunkt der Dualität aus zu betrachten. Das Problem wird sich für ihn auch nicht lösen, solange seine Suche auf der Basis eines Individuums geschieht, das etwas mit der Hilfe und der »Gnade« eines anderen Individuums, genannt Guru, sucht. Das Problem kann sich nur auflösen, wenn das Erkennen geschieht, daß das offenbar individuelle menschliche Wesen, das ein anderes individuelles menschliches Wesen als einen Guru sucht, um einen bestimmten Seinszustand zu erreichen, lediglich ein Teil des unpersönlichen Ablaufs der Gesamtheit der Manifestation ist. Die Angelegenheit nicht aus dieser Perspektive zu sehen schafft all die fürchterlichen Leiden für den individuellen Suchenden, der glaubt, daß es seine eigene, persönliche Entscheidung war, diese Suche aufzunehmen, und daß der Erfolg seiner Suche von seinen eigenen Anstrengungen, die Gnade des Gurus zu erlangen, abhängt.

Einführung

Für den normalen Menschen ist es schwer, den feinen, doch so entscheidenden Unterschied zwischen dem Genuß von Sinnesfreuden und dem Den-Sinnesfreuden-Verhaftetsein zu verstehen. Es ist nicht so, als ob der Körper-Verstand-Mechanismus nach der Erleuchtung aufhört, die Sinnesfreuden zu genießen. Der Unterschied zwischen dem normalen Menschen und dem Guru in bezug auf den Genuß von Sinnesfreuden liegt darin, daß der normale Mensch konstant auf der Suche nach solchen Sinnesfreuden ist, während der Weise sich nicht danach sehnt, sie jedoch mit Begeisterung genießt, wenn sie sich ihm im normalen Verlauf des Lebens schenken. Der Weise sucht nicht den Genuß noch weist er ihn zurück, wenn er seines Weges kommt. Mit anderen Worten unterscheidet er nicht absichtlich zwischen dem Akzeptablen und dem Unakzeptablen: Im normalen Verlauf des Lebens ist er für beides offen. Hat er die Wahl, dann wählt der Körper-Verstand-Organismus weiterhin entsprechend den Umständen und seinen natürlichen Charaktermerkmalen und Neigungen, ohne in Begriffen wie »gut« und »böse« zu denken.

Plötzliche Erleuchtung schafft, besonders in der Zwischenphase, gewisse Veränderungen der Lebenseinstellung und Wahrnehmung für den individuellen Körper-Verstand-Organismus, was ein Taomeister als »Erleuchtung« und »Befreiung« bezeichnet. Selbst nachdem Erleuchtung geschehen ist, muß das Individuum notwendigerweise weiterhin als ein getrennter Körper-Verstand-Organismus für den Rest seiner Lebensspanne funktionieren. Generell wird das Individuum weiterhin leben wie bisher, der Organismus genießt die Dinge, entsprechend seiner natürlichen Charaktermerkmale und Neigungen – doch es ist nicht ungewöhnlich, daß seine Begeisterung für die Freuden des Lebens in dem Maße schwindet, wie sein Den-Sinnesobjekten-Verhaftetsein rapide abnimmt. Möglicherweise wird er das Alleinsein mehr genießen als zuvor. Die wichtigste Veränderung jedoch ist, daß, während das Individuum mehr oder weniger weiterlebt wie bisher, es keine persönliche Verwicklung mehr gibt, unabhängig davon, was geschieht. Ein Ereignis würde eine augenblickliche Reaktion entsprechend der natürlichen Charaktermerkmale und Neigungen des Körper-Verstand-Mechanismus produzieren, doch geschähe das nur an der Oberfläche, so wie eine sanfte Welle an der Oberfläche des Ozeans. Was immer durch irgendeinen Körper-Verstand-Mechanismus – seinen eigenen oder einen anderen Organismus – geschieht, es wird lediglich bezeugt ohne eine persönliche Verwicklung, ohne zu urteilen.

Zum Schluß zu der Frage: »Wer ist ein wahrer Guru?« Ramana Maharshis Antwort ist sehr eindeutig:

> »Derjenige, der einen ernsthaften Suchenden anweist, dies oder jenes zu tun, ist kein wahrer Meister. Der Suchende wird bereits von seinen Aktivitäten geplagt und sucht Frieden und Ruhe. Er sucht, mit anderen Worten ausgedrückt, das Ende seiner Aktivitäten. Statt dessen wird er angewiesen, etwas anderes zu tun oder noch zusätzlich etwas zu seinen bereits bestehenden Aktivitäten zu tun. Kann dies eine Hilfe für den Suchenden sein? Aktivität ist Schöpfung; Aktivität bedeutet, das angeborene Glücklichsein zu zerstören. Wenn Aktivitäten empfohlen werden, dann ist der Anweisende kein Meister sondern ein Zerstörer. Man könnte sagen, daß der Erschaffer (*Brahma*) oder der Tod (*Yama*) in der Verkleidung eines solchen Meisters erschienen ist. Er kann den Aspiranten nicht befreien, sondern er verstärkt nur seine Fesseln.«[12]

Dies sind starke Worte von einem äußerst gewaltlosen Meister. Doch machen sie das Ausmaß seiner Überzeugung deutlich. Die grundsätzliche – und letzte – Wahrheit ist: Es gibt keinen »Weg«, man kann »nirgendwohin« gehen, »niemand« kann irgendwohin gehen, »niemand« kann irgend etwas tun. Man kann nur in die richtige Richtung schauen, eine Neuorientierung des Verstandes, die nicht die geringste Tätigkeit erfordert: *Paravritti*! Und niemand hat das vollbracht, nichts wird getan, es ist lediglich ein Ereignis.

---

[12] Ramana Maharshi: *Talks With Sri Ramana Maharshi*. Tiruvannamalai, Indien (Sri Ramanasramam) 1984, Seite 554/555.

Der Guru

Der Guru sieht den Schüler nicht als ein getrenntes Wesen, verschieden von sich selbst. Er ist sich bewußt, daß sein Körper-Verstand und der des Schülers zusammen mit allem anderen im Universum lediglich Erscheinungen in dem Einen Unpersönlichen Bewußtsein sind. Der Schüler jedoch nimmt sich selbst als eine Person wahr, als ein Individuum mit einem Namen, und somit sieht er aus dieser Perspektive den Guru als eine Person, wenn auch als eine besondere, die einige Charaktermerkmale besitzt, die er für sich selbst sucht. Der Guru ist also für den Schüler ein besonderer Körper-Verstand.

Als eine Lernhilfe, um dem Schüler zu helfen, sich selbst von diesem entscheidenden und trügerischen Konzept zu befreien, benutzen Advaita-Gurus oft ein anderes Konzept, hauptsächlich das vom »Sadguru«, das recht aufschlußreich sein kann. Dieser Ausdruck, der wörtlich »der Wahre Guru« bedeutet, bezieht sich auf das Universelle Bewußtsein im »Inneren« von uns allen, egal ob Schüler oder Guru, und von dem behauptet wird, das es uns leitet. Während er einen neuen Schüler begrüßt, erklärt Ramesh, was seine Befreiung bewirkt hat:

»Der innere Sadguru hat es vollbracht – das INNERE *ist* der Sadguru, das EINE, das den Lehrer und den Schüler als ein einziges Ereignis zusammenbringt.«

Einem anderen Korrespondenten schreibt Ramesh von seinen starken Emotionen, die auf seinen eigenen Erfahrungen beruhen, als er selbst zum Schüler wurde, und daß das Zusammentreffen des Gurus mit dem Schüler (als ein Ablauf im Bewußtsein oder im Sadguru) eine natürliche Unvermeidbarkeit sei. Er schreibt:

Erleuchtende Briefe

»Es ist interessant, die Serie von ›Ereignissen‹ zu beobachten, die den Guru und den Schüler zusammenbringen und die Beziehung von dem Zeitpunkt an besiegeln. Ich habe etliche dieser Ereignisse beobachten können, mein eigenes als ein Suchender eingeschlossen, und es kann in solchen Fällen keine Rede von Zufällen sein, es mußte einfach geschehen.«

Der Körper-Verstand von Ramesh in seiner Funktion als Guru dient also als ein Instrument des Sadgurus. Aus unserer Perspektive ist dieser bestimmte Körper-Verstand ein ganz besonderer, denn in ihm hat das Erwachen stattgefunden, und daher ist ein Verständnis der Realität vorhanden, das den meisten von uns verborgen bleibt.

Ramesh erhebt nicht den geringsten Anspruch darauf, etwas Besonderes zu sein. In einem Brief erzählt er von einem Ereignis, als ihn jemand aufsuchte, um seine Biographie zu schreiben: »Er fragte mich, was ich davon halte, und ich sagte ihm, daß mein Leben außergewöhnlich durchschnittlich sei und nicht wert, darüber zu schreiben.«

Die folgenden Auszüge aus seinen Briefen beschreiben, wie Rameshs Körper-Verstand in der Rolle des »durchschnittlichen« Menschen sowie der des Gurus funktioniert. Der Körper-Verstand benötigt weiterhin Pflege und empfindet auch weiterhin Schmerz und genießt gewisse Freuden. Es gibt Familienmitglieder, die er liebt und um die er sich kümmert, und ihr Ableben bringt Trauer mit sich. Es gibt Meinungen über Dinge, wie die Wissenschaft und die Technologie. Auch wenn diese Meinungen über gewisse Aspekte der phänomenalen Welt mit der Darbietung der Lehren in Verbindung gebracht werden können, so ist der wichtigste Aspekt von all dem jedoch, daß es keine Verhaftung mit diesen Meinungen oder mit irgend etwas anderem gibt, die Familienmitglieder eingeschlossen.

Rameshs Kommentare spiegeln in ihrer charakteristischen Art die Reaktion des Gurus auf die Bedürfnisse der Schüler wider, die selbstverständlich zahllose, ausschlaggebende Faktoren beinhaltet: die offensichtlichsten sind die Charaktermerkmale des Körper-Verstandes. Ramesh setzt ein weites Feld von Fähigkeiten ein, die

Der Guru

Lehren so vielen interessierten Schülern wie möglich zu vermitteln: zum Beispiel durch Bücher, öffentliche Gespräche, Seminare, Briefe und persönliche Gespräche. Geschähe all das bei ihm zu Hause, würde es bereits einen ungeheuren Energieaufwand benötigen, doch jedes Jahr seit 1987 hat Ramesh eine Menge Zeit in verschiedenen Teilen der Welt zugebracht, um mit seinen Schülern zusammen zu sein.

All dies beansprucht einen älteren Körper-Verstand offensichtlich in größerem Maße. Jedoch sind all diese vielen Beispiele, von denen Ramesh als zeit- und energieintensiven Aktivitäten berichtet, die auf die Bedürfnisse der Schüler zugeschnitten sind, sicherlich keine Klagen, sondern lediglich Beobachtungen, was mit diesem Körper-Verstand geschieht, von denen er dem interessierten Korrespondenten berichtet. Und somit leitet er so viele Schüler wie möglich auf so viele Arten wie möglich, doch er findet manche Wege hilfreicher als andere. In einem seiner Briefe sagte Ramesh: »Wie Dir vielleicht bewußt ist, bin ich sehr davon überzeugt, daß die persönlichen Gespräche die wahre Vereinigung zwischen dem Guru und dem Schüler erzeugen, auch wenn die öffentlichen Gespräche sehr hilfreich sind.« Über die Jahre hat eine wachsende Zahl von Menschen ein persönliches Gespräch in Rameshs Haus gesucht und erhalten. Als eine Konsequenz dessen und anderer Aktivitäten als Guru hat Ramesh einmal festgestellt: »Meine Korrespondenz ist ein völliges Chaos.« Doch bezieht er sich auf solche Ereignisse auch, indem er von einer »gewissen Anzahl von Wellen an der Oberfläche, die die normale Routine der Korrespondenz durcheinander gebracht haben« spricht, was bedeutet, daß tief »drinnen« der Sadguru völlig unberührt in Absolutem Frieden verweilt.

Wenn die folgenden Auszüge Ramesh als einen besorgten Familienvater und interessierten Beobachter der Geschehnisse in der Welt beschreiben, so zeigen sie auch, daß er die Rolle eines höchst mitfühlenden (und hart arbeitenden) Gurus erfüllt.

7. November 1986

Mein Gesundheitszustand ist befriedigend, auch wenn mir mein Zahnersatz Schwierigkeiten macht – nach diesem Wochenende

Erleuchtende Briefe

wird ein Zahn gezogen. Wenn danach die Wunde verheilt ist, wird die Prothese sehr gut passen.

2. Februar 1987

Es ist immer erfreulich, von Dir zu hören: Dein Brief zusammen mit Deinen sehr willkommenen Geschenken, besonders die Scheren.

23. Juni 1987

Mein Kopf ist voller Aktivitäten, was DIE GÖTTLICHE BEZIEHUNG (Guru – Schüler) betrifft – wer weiß, vielleicht ist es die Basis der Gespräche in Kalifornien?!

22. Dezember 1987

Wie schön, daß Du vor kurzem angerufen hast, einen Tag nachdem ich aus den USA zurückgekehrt war.

Es war eine interessante Erfahrung. Jedoch für das nächste Jahr habe ich gewisse »Grundregeln« vereinbart: 1. Meine Frau Sharda wird mich begleiten; 2. nur ein Gespräch am Morgen; 3. am Nachmittag nur persönliche Gespräche; 4. ein freier Tag alle fünf bis sechs Tage; 5. die Gespräche finden an sechs bis max. acht Orten statt. Das sind im Moment: San Francisco, San Diego, Hollywood, Phoenix, New York, etc.

18. Januar 1988

Wenn ein Gedanke im Bewußtsein erscheint, dann gibt es keinen Grund, ihn absichtlich zu vertreiben. So erinnere ich mich manchmal an den äußerst angenehmen Nachmittag, den wir in Palm Springs verbracht haben, das ausgezeichnete, leichte Mittagessen im Restaurant (Truthahn-, Schinkenspeck- und Tomatensandwich), wie wir uns dann die Häuser der Millionäre anschauten und den Abend auf sehr angenehme Weise bei den LGs beendeten.

Der Guru

27. Februar 1988

Ich hatte einen Strom von Besuchern, und es ist schön, den eifrigen Sucher, der so ernsthaft und verletzlich ist, zu leiten.

22. März 1988

Ich hatte gehofft, Dir am Wochende zu schreiben, doch dann war das Wochende mit Besuchern ausgefüllt, und erst heute morgen komme ich dazu, Dir zu schreiben.

27. April 1988

Wie Du wahrscheinlich weißt: Wir Inder sind uns der Familie als Institution sehr bewußt und auch der Loyalität und Pflichten, die sie mit sich bringt. So gab es einige Einkäufe, die ich mich verpflichtet fühlte, für die Brüder und Cousinen zu Hause zu tätigen.

28. April 1988

Früher bekam ich zweimal pro Woche eine Massage, mittwochs und samstags von 17 bis 18 Uhr. Doch dieser Mann ist kein Professioneller, und ich empfand seine Hände als ziemlich hart und rauh für meinen alternden Körper, allerdings wollte ich die Vereinbarung nicht beenden, denn der Mann würde einen Teil seiner Einnahmen verlieren, und somit ist der Kompromiß einmal die Woche samstags morgens.

2. Mai 1988

Ich würde nicht sagen, daß ich »mit Briefen, Fragen und Bitten um Erlösung überhäuft bin.« Doch der Briefwechsel und die Besucher aus dem Ausland haben mich sehr beschäftigt. Ich kam am 15. Dezember aus New York zurück, und mein erster Besucher traf eine Woche später ein. Er war einer der Teilnehmer an den Gesprächen in Kalifornien, und er war vor ca. drei Jahren schon in Bombay gewesen. Fast vier Monate lang war er hier und flog vor einigen Tagen wieder heim. An einem Abend besuchten mich ein

Pärchen aus Kanada, ein Pärchen aus Belgien und vier Leute aus Amerika – eine sehr interessante Gruppe: Wir bestellten Essen von auswärts und verbrachten einen sehr angenehmen Abend.

25. Mai 1988

Ich möchte noch erwähnen, wie sehr es mich berührt hat, als ein junger Mann, der mich seit drei oder vier Jahren besucht, mir plötzlich einen Hundertdollarschein hinhielt, als er vor einigen Tagen auf Wiedersehen sagte. Er kann es sich nicht leisten, hundert Dollar zu verschenken, und trotzdem weiß ich, daß er so minimale Bedürfnisse hat, daß er es schafft, mit einem Einkommen von $2500 *pro Jahr* zu leben. Er arbeitet nur, wenn es notwendig ist! Er ist wirklich ein ungewöhnlicher Mensch. Als ich zögerte, lachte er nur ohne eine Spur von Verlegenheit und sagte: »Ich weiß, das überrascht dich, mir geht es genauso! Doch ich möchte, daß du es annimmst.« Ich akzeptierte es.

25. Mai 1988

Heute bin ich 71 geworden, doch ich muß sagen, daß ich dieses Alter nicht spüre (so wie man erwarten würde, sich mit 71 zu fühlen!). Wie auch immer, es ist tatsächlich so unwichtig, vom individuellen Standpunkt aus betrachtet. Ein Heiliger Poet von Maharashtra singt in einem *Bhajan*: »Was hat es für eine Bedeutung, ob dieser Körper existiert oder nicht?«

9. Juni 1988

Es ist eine seltsame Tatsache, daß bei den vielen Stunden Arbeit, die ich aufzuwenden hatte – zwei Gruppengespräche pro Tag plus 40 persönliche Gespräche ohne Unterbrechung für ca. 40 Tage, ohne einen einzigen freien Tag –, erst so spät der Gedanke kam, ab und zu einen freien Nachmittag einzuschieben. Dies machte es sicherlich ein wenig leichter, doch es war nicht genug, und am Ende der Reise fühlte ich mich völlig ausgelaugt. Ich möchte noch erwähnen, daß fast alle Mitglieder unserer großen Familie (Cousins und Cousinen und ihre erwachsenen Kinder) – ich nehme an, eine

Der Guru

indische Familie ist wie eine italienische Familie! – absolut dagegen waren, daß ich dieses Jahr nochmals in die USA reise, bis ich erklärte, daß Sharda und ich diesesmal auf jeden Fall einen Tag pro Woche frei hätten. Doch auch hier werden trotz all dieser Konzepte die Dinge genauso geschehen, wie es ihnen bestimmt ist. Es gibt nichts außer dem Ablauf der Totalität und dem unpersönlichen Bezeugen dessen, wie unser Leben gelebt wird.

9. Juni 1988

Ich habe sehr stark das Gefühl, daß Fälle von Erleuchtung mehr und mehr durch Körper-Verstand-Mechanismen geschehen werden, die als Physiker oder Psychologen fungieren, besonders im Westen. Mehr und mehr öffnen solche Menschen ihren Verstand für die Tatsache, daß sie mit ihren Tätigkeiten lediglich die Oberfläche angekratzt haben und nicht tief genug in eine völlig andere Richtung und eine völlig unterschiedliche Perspektive vorgedrungen sind.

11. Juni 1988

Es gibt einen Bedarf an Geld, entweder um den Haushalt zu führen oder um es einem Verwandten zu geben, der es braucht, oder für irgend etwas anderes, und von einem Belgier namens BR oder einem Deutschen namens SA oder einem Amerikaner namens PC oder ... kommt das nötige Geld (und noch mehr)!

5. Juli 1988

Sharda und ich werden Bombay in ungefähr sechs Wochen verlassen. Bislang schien es ein vorläufiges Ereignis in fernen Tagen zu sein, doch nun müßen wir plötzlich überlegen, was wir machen müssen, um nicht im letzten Moment in Druck zu geraten. Die Enkel haben ihre Forderungen bereits genau aufgelistet. Es war recht interessant zu beobachten, daß Sharda in ihrem Brief, der mich vergangenes Jahr in den letzten zwei Wochen in L.A. erreichte, von einer Bemerkung des jüngeren Sohnes meiner Tochter berichtete: »Bitte sag Opa, daß er nicht alles mitzubringen braucht, worum ich ihn gebeten habe, doch Tatsache ist, daß wir ihm zumindest schreiben können und ihn ohne Hemmungen um alles bitten können, mit anderen Verwandten können wir das nicht!« Das gefiehl mir ungeheuer. Und Tatsache ist, daß er sich nur kleine Dinge gewünscht hatte, die ich zu seiner größten Freude alle mitbringen konnte. Es wurde berichtet, daß er spontan zu seiner Mutter sagte: »Gott sei Dank gibt es Opas.«

5. Juli 1988

Ich stimme völlig mit Dir überein, wenn Du sagst, daß es verschiedene Disziplinen gibt, abgesehen von der Physik und der Psychologie, wie z. B. die Anthropologie und die Semantik, die, wenn sie von früh an richtig gelehrt werden, dem jungen, empfänglichen Verstand eine bessere Perspektive verleihen könnten von dem, was als Realität bezeichnet wird. Wer weiß? Vielleicht ist es das, was in *dem* Drehbuch steht!

11. Juli 1988

Ich freue mich auf die Reise nach Deutschland und Sharda auch.

21. Januar 1989

Ich habe gerade ein Manuskript fertiggestellt, das liegengeblieben ist, als ich letzten August ins Ausland fuhr. Ich habe auch eine Menge Besucher, die meisten aus Europa und Amerika. Normalerweise halte ich mir den Vormittag frei für meine persönlichen Angelegenheiten und habe dann am Nachmittag Besucher von 15.30 bis 18 Uhr.

Und dann gibt es noch eine ganze Menge Korrespondenz. Ich bin also gut beschäftigt, doch es wird nicht zu viel.

22. Januar 1989

Werde bald wieder gesund, mein lieber TU – und vergiß bitte nicht, daß ich immer bei Dir bin, unabhängig von Zeit und Raum.

Der Guru

24. Februar 1989

Ich habe PQ (dem Verleger) gerade mit Kurier die Übersetzung der *Ashtavakra Gita* geschickt, ein kompakter, alter Klassiker in Sanskrit. Er gefällt mir ausnehmend gut, und ich habe PQ vorgeschlagen, ihn eher zu veröffentlichen. Wir werden sehen.

19. April 1989

Die letzten zwei Wochen waren voller Aktivitäten – zunächst die Vorbereitungen für das Kovalam-Beach-Seminar in Südindien Ende März und dann die Nachwirkungen hier in Bombay: die Besuche der Seminarteilnehmer, bevor sie Indien verließen. Es gab auch andere Besucher trotz des unfreundlichen Wetters.

2. Mai 1989

Die letzten drei Monate waren für mich extrem hektisch und meine Korrespondenz ist ein Chaos.

Ich habe das Manuskript von *The Final Truth* fertiggestellt und ein weiteres, *A Duet Of One*. Beide sind druckfertig und eventuell erscheinen beide Bücher, bevor ich Ende August in die Staaten fliege.

In der Zwischenzeit hatte ich kontinuierlich Besucher und habe auch ein Seminar für eine deutsche Gruppe in der zweiten Märzhälfte gegeben.

So oder so war ich sehr beschäftigt – eine gewisse Anzahl von Wellen an der Oberfläche, die die normale Routine der Korrespondenz durcheinander gebracht haben. Während all dieser Geschehnisse haben Sharda und ich oft an Dich und LI gedacht.

2. Juli 1989

Es ist meine persönliche Überzeugung, daß mehr und mehr Physiker »Es erkennen« werden.

21. Januar 1990

Im Gegensatz zu dem Autor, den Du anführst, würde ich nicht wagen zu hoffen oder zu versprechen, daß dem zuzuhören, was ich zu sagen habe, oder das zu lesen, was durch mich als Instrument geschrieben worden ist, Dich in einen anderen Menschen verwandeln wird. Du wirst sicherlich transformiert werden – oder, besser gesagt, eine Transformation wird geschehen –, wenn das im Plan der Dinge so vorgesehen ist, der von der Bestimmung oder der Totalität oder Gott oder wie man es auch immer nennen mag bestimmt worden ist.

15. Mai 1990

Leider benutze ich das Hörgerät nicht so oft, wie ich sollte. Ich wollte es zu dem Seminar in Kovalam Beach mitnehmen – doch dann vergaß ich es. Ein- oder zweimal hatte ich dort das Gefühl, daß es hilfreich gewesen wäre.

15. Mai 1990

Das Seminar in Kovalam Beach war sehr gut, wenn auch recht anstrengend – 25 Gruppengespräche, 25 persönliche Gespräche innerhalb von zwölf Tagen! Doch es war in jeder Hinsicht befriedigend: zwölf Deutsche, zwölf Amerikaner, ein Australier!

Das Seminar im Frühjahr 1991 wird wahrscheinlich stattfinden, und es wäre wunderbar, Euch beide dort zu sehen. Ich stimme mit Euch überein, daß ein solches Seminar mehr Intimität, Ernsthaftigkeit und Offenheit bedeutet.

Ich hatte einen ständigen Ansturm von Besuchern aus den USA und Europa und sogar einige Australier. Ich bin verblüfft über das Interesse, das die Lehren erzeugt haben. Es gibt einem ein immenses Gefühl von Demut, Dankbarkeit und Mitgefühl.

19. Mai 1990

Der Mai war dieses Jahr ein ungewöhnlich geschäftiger Monat. Am 30. Mai feiern Sharda und ich unseren 50. Hochzeitstag. Mein jüngerer Sohn hat einen großen Empfang für eine gemeinsame Familienfeier arrangiert. Sharda war damit beschäftigt, ihre »Aussteuer« und die Gegengeschenke für die Großfamilie zusammenzutragen. Wir sind eine engverbundene Familie, und bei einem Familienessen kommen mit den Kindern 25 Leute zusammen.

Der Guru

19. Mai 1990

Ich fragte EW während einem seiner Anrufe, wie es Dir geht, und er rief zurück, um mir auszurichten, daß es Dir gut geht. Doch trotzdem mache ich mir Sorgen um meinen spirituellen Sohn.

26. Mai 1990

Es war gut, mit Dir gestern zu sprechen. Ich war besonders interessiert, als Du davon sprachst, daß Du völlig überzeugt davon bist, daß Ereignisse und Handlungen geschehen und daß die betroffenen Individuen lediglich Instrumente sind, durch die sie geschehen. Du fügtest hinzu, daß diese Überzeugung nicht nur von den Lehren komme, sondern auch auf wissenschaftlichen Prinzipien beruhe.
Könntest Du mich die Quellen dieser wissenschaftlichen Prinzipien wissen lassen? Es wäre nützlich für die Gespräche. Dies ist das erste Mal, daß jemand eine wissenschaftliche Basis für die Tatsache anführt, daß die angebliche Entscheidungsfreiheit des Individuums nur eine Illusion ist. Als Du es das erstemal erwähntest, stellten sich meine Ohren auf, und ich wollte Dich bitten, mir darüber zu schreiben, doch dann vergaß ich es, als wir über andere Dinge sprachen.

8. Juni 1990

RI bereitete einen Leitartikel für eine Zeitung vor – in dem er persönlich verwickelt war – über die Guru-Schüler-Beziehung. Er wollte einige Zeilen von mir, doch als ich mich dann hinsetzte, um sie zu schreiben, fand ich mich auf einmal, mehrere Seiten schreibend. Er bedankte sich überschwenglich für »das kleine Buch«, doch wolle er mich bitten, ihm eine kurze Notiz zu seiner speziellen Frage zu schicken!

1. August 1990

Während der letzten Monate warst Du so freundlich und hilfsbereit, mir verschiedene sehr interessante Unterlagen zu schicken. Ich habe es wirkich sehr zu schätzen gewußt, daß die Wissenschaft beginnt, den Mystizismus zu bestätigen!

Offen gesagt, war ich in den letzten Monaten sehr mit Besuchern beschäftigt, und ich muß mir die Unterlagen über Goswami noch genauer anschauen. Doch ich nehme wirklich mit größter Dankbarkeit Deine kurze Zusammenfassung an, die Du mit einer solchen Klarheit zusammengestellt hast.

6. Dezember 1990

Ich habe mich wirklich nie um »meinen Ruf als Autor« gekümmert. Also ist es gleichgültig. Wenn es eine Absicht gab, dann war es die: Bücher bereitzustellen, die dem ernsthaft Suchenden eine Hilfe sind.

6. Dezember 1990

Der Tod meines ältesten Sohnes und einige Ereignisse davor in den letzten Jahren, haben die plötzliche Erleuchtung den Prozeß der allmählichen Befreiung durchlaufen lassen. Die Möglichkeit dieses Ereignisses schafft für kurze Zeit eine gewisse Beklommenheit – und das wird bezeugt. Und wenn es dann geschieht, dann ist es immer recht plötzlich, doch nicht unerwartet: Es ist ein vehementer Ausbruch von Schmerz, und dann ist nichts.

21. Juni 1991

Ich habe Deinen wunderbaren Brief vom 23. Mai erhalten. Die Beilagen sind leider naß geworden in dem beispiellosen Wolkenbruch, den wir seit dem frühen Morgen am 9. Juni hatten – 35 inches in 24 Stunden! – und eine Menge Verwüstung.

Dein Brief jedoch ist lesenswert, sowohl wörtlich als auch in einem anderen Sinne!

21. Juni 1991

Ich war sehr beeindruckt von »Simulators« – ich hatte nur eine sehr vage Vorstellung davon, als Du es auf Maui erwähntest. Nun kann ich den immensen Wert dieses Phänomens erkennen, um die Rolle des Bewußtseins in der phänomenalen Welt zu vermitteln.

Der Guru

24. Juni 1991

Während wir im Ausland waren, wurde in unsere Wohnung eingebrochen und Bargeld gestohlen. Wir erfuhren davon am Morgen unserer Abreise von Maui – unsere Schwiegertochter rief uns von Bombay aus an. Es war verblüffend, daß selbst Sharda es recht gefaßt aufnahm.

4. August 1991

Ich weiß nichts über die FAX-Möglichkeiten. Ich werde es herausfinden, doch es ist vielleicht ganz gut, einige Zeit zwischen den Briefen verstreichen zu lassen.

8. August 1991

Das ist ein kurzer Brief, um Dir mitzuteilen, daß mein Enkel am 13. dieses Monats nach Amerika aufbricht, um sich in einer Universität einzuschreiben.

Dieser Brief soll Dich darüber informieren, daß ich ihm Deinen Namen, Adresse und Telefonnummer gegeben habe – zusammen mit ZBs und XCs – als meine guten Freunde, an die er sich *im Notfall* wenden kann. Ich bin mir sicher, daß Du nichts dagegen hast.

12. September 1991

Wenn Briefe ankommen, dann werfe ich nur einen Blick darauf und lege sie dann auf oder unter den Stapel von Post! Ich mache da keine Unterschiede.

4. Februar 1992

Paul Brunton ist ein guter alter »Freund«, der mich in den 30er Jahren mit Ramana Maharshi bekannt machte.

4. Februar 1992

Ich war nicht sehr fit auf Maui, obwohl die Milch, die Gemüsesäfte und die vielen Fruchtsäfte sehr geholfen haben, meine Gesundheit wieder zurückzugewinnen – ganz abgesehen von »Mama's Fish House«!

16. Juli 1992

Sharda und ich kehrten am 3. Juli früh morgens nach Bombay zurück. Wir waren ein wenig müde, doch insgesamt gesehen hat uns die Veränderung sehr gut getan.
Meiner Meinung nach waren diesesmal die vier Gespräche am Wochenende am besten. Das einwöchige Seminar ist O. K., doch das zweiwöchige Seminar ist unnötig lang und anstrengend.
Laß uns sehen, wie das Arrangement nächstes Jahr sein wird.

18. August 1992

Es stimmt, die Reisen nach Amerika – früher Deutschland und Amerika – waren recht anstrengend, doch ich muß sagen, sie haben sich sehr gelohnt: Die Reaktion von den Teilnehmern war erfreulich, so daß die Anstrengung und Erschöpfung mehr als gerechtfertigt scheint. Ich muß auch zugeben, daß der Klimawechsel und die andere Umgebung – besonders letztes Jahr und dieses Jahr auf Maui – unserer Gesundheit sehr zugute kamen. Es war schön zu sehen, wie Sharda sichtlich entspannter und glücklicher war.
Ob ich mich weniger erschöpft fühle nach dem wesentlich kürzeren Trip nach Südindien? Ja, ganz sicherlich.

21. Oktober 1992

Du kannst Dir nicht vorstellen, wie oft wir an Dich und EE denken – und an die Zeit, die wir zusammen verbracht haben. Sharda ist Dir für immer äußerst dankbar für die Zuneigung, die Du zeigtest, als Du uns zu dem Park führtest und bis zur Erschöpfung ihren Rollstuhl durch die Gegend schobst!

8. November 1993

Unsere herzlichen Grüße an BT: Sie ist eine außergewöhnliche Frau. Das Schicksal hat es gut mit Dir gemeint, NB, genau wie mit mir mit Sharda.

Der Guru

20. Januar 1993

Wie Du sicherlich mitbekommen hast, hatten wir in den letzten zwei Wochen eine entsetzliche Konfrontation zwischen den zwei organisierten Hauptreligionen, hauptsächlich in Bombay. Doch nun hat es sich wieder beruhigt, und ich erwarte mindestens fünf bis sechs Besucher in Bombay, die für zehn bis zwölf Tage bleiben. Sie kommen einzeln, während der nächsten drei bis vier Wochen.

27. Juli 1993

Mein Enkel war sehr erfolgreich an der Universität. Er hat seinen M.B.A. gemacht und ist in die *Deansliste* aufgenommen worden! Das ist sehr erfreulich.

27. Juli 1993

Es ist meine Erfahrung, daß diejenigen, die in letzter Zeit zu mir geschickt werden, sehr »empfänglich« sind für den endgültigen Schubs ins Nichts. In den letzten drei bis vier Wochen kamen fünf bis sechs Personen, deren tiefes Verständnis mich sehr erstaunt hat – und trotzdem haben sie bislang den entscheidenden Punkt verpaßt! Nur ein einziges Gespräch für ca. zwei Stunden brachte eine solch offensichtliche Transformation, daß ihre Dankbarkeit mich sehr berührte. Vielleicht bleibt diesem Organismus, genannt Ramesh, nicht mehr viel Zeit, und das Bewußtsein schickt nur die verdienstvollsten Fälle, so daß dieser Organismus nicht allzu großen Anstrengungen ausgesetzt wird. Doch mir geht es sehr gut: überraschend gut für mein Alter.

13. September 1993

Ja, es gibt ein Seminar in Kovalam nächstes Jahr: vom 5. bis zum 19. Februar. Wenn es Dir lieber ist, dann komm später mit LE und YO nach Bombay: Laß uns sehen, was geschieht. Ich kann Dein Gefühl von Dringlichkeit, was mich betrifft, verstehen. Dabei fühle ich mich wieder gezwungen, darauf hinzudeuten, daß man keine Kontrolle darüber hat, was geschehen wird: Auch hier, laß uns sehen, was geschieht!

Erleuchtende Briefe

13. September 1993

Für mich sind die Tage recht ausgefüllt: gehen (was zu einer Art Meditation wird, wenn keine Gedanken auftauchen) für eine Stunde am Morgen und eine Stunde am Abend; Besucher für eineinhalb bis zwei Stunden am Morgen und nochmals am Abend; ein wenig Ruhe nach dem Mittagessen; Briefe beantworten, etc. Und sehr wichtig: Ich bin pensioniert und habe ein gutes Einkommen – nicht übermäßig, doch ausreichend genug, um mir keine Sorgen darüber zu machen!

1. November 1993

Ich glaube, der entscheidende Unterschied – der Quantensprung – ist das spontane Gefühl: »Es gibt nichts außer Bewußtsein«, nicht: »Ich bin Das« oder »Ich bin im ICH-BIN-Zustand« oder was auch immer. Das »Ich« (im Sinne von mein) wird unerträglich.

Die Schüler

Die Guru-Schüler-Beziehung beinhaltet eine evolutionäre Entwicklung des Schülers. In einem Brief schrieb Ramesh: »Die Beziehung zwischen uns, Dir als dem Schüler und mir als dem Guru, wird verschiedene Formen und Konzepte im Verstand annehmen, wenn sie sich allmählich intensiviert, für eine Weile intensiv bleibt und dann fast aus dem Verstand ausgeblendet wird.«

Der evolutionäre Prozeß geschieht also lediglich im Verstand des Schülers. Für den Guru sind der Guru und der Schüler Eins, und es gibt nur einen offensichtlichen Unterschied in den Perspektiven innerhalb des Einen Bewußtseins. Vom relativen Standpunkt aus betrachtet, gibt es nur einen Unterschied: Der Guru weiß es, der Schüler weiß es nicht. Aus der Perspektive des Schülers betrachtet scheint die evolutionäre Entwicklung aus einer allmählichen Annäherung seiner Charaktermerkmale an die des Gurus zu bestehen. Somit empfindet der Guru eine LIEBE für den Schüler (denn »sie« sind Eins), doch hängt er nicht an ihm (denn sie sind nicht zwei). So wie die LIEBE des Schülers für den Guru wächst, verringert sich seine Abhängigkeit.

Oft kann der Schüler selbst die Feinheiten des Prozesses nicht wirklich unterscheiden, und so mag der Guru ihm erklären, was vor sich geht, so wie Ramesh einem Korrespondenten das Erwachen der LIEBE erklärt:

»Das völlig spontane Gefühl von ›LIEBE‹, das Dich überkam, als wir unser letztes Telefongespräch beendeten, war tatsächlich das tiefste Eintauchen in das ICH-BIN-GEFÜHL, das wir alle sind, die *völlige* Auflösung – auch wenn es nur momentan gewesen sein mag – des individuellen ›Ich‹, das diesen fundamentalen Urzustand des Bewußtseins überlagert, der tatsächlich nichts anderes als LIEBE oder MITGEFÜHL ist.«

Erleuchtende Briefe

Da die mit diesem Prozeß verbundenen Aspekte, bei dem der Schüler seine Abhängigkeit vom Guru und auch von anderen Dingen verliert (was manchmal als Disidentifikation, Dissoziation oder einfach als »Loslassen« bezeichnet wird), recht beunruhigend sein können, bietet der Guru eine Erklärung an:

»Mehr und mehr geschieht eine Loslösung, eine Dissoziation von allem, was mit Dir geschieht. Ereignisse werden als Ereignisse erkannt, doch wesentlich wichtiger ist die Tatsache, daß die Reaktionen auf die Ereignisse lediglich beobachtet werden ... Es gibt nicht mehr dieses betrübliche Problem, *wie* das ›Loslassen‹ geschehen soll. Das Loslassen geschieht von alleine, auf sanfte, spontane, natürliche Weise. Du beginnst durchs Leben zu ›gleiten‹, ohne Dir dieser Tatsache besonders bewußt zu sein.

Daraus ergibt sich eine andere interessante Situation, die gewisse Zweifel, wenn nicht gar Verwirrung erzeugen kann. Du hast ein Stadium erreicht (oder, besser gesagt, ein Stadium ist im Prozeß der Disidentifikation erreicht worden), bei dem die direkte und konstante Führung durch den Guru weniger und weniger vonnöten ist ... Der Guru ist höchst erfreut über diesen ›Fortschritt‹, denn er fände den Zustand abscheulich, wenn der Guru für den Schüler zur Krücke geworden ist und er sich ohne den Guru vollkommen verloren fühlen würde – eine Situation, die absolut auf der phänomenalen Ebene existiert.«

Man sollte dabei jedoch nicht vergessen, daß die meisten Schüler durch diesen Prozeß gehen, ohne je mit dem Guru Briefkontakt gehabt zu haben. Der Hauptgrund, warum in diesem Buch nur Beispiele aus dem Briefwechsel präsentiert werden, ist, daß Briefe natürlicherweise den Prozeß dokumentieren. Dies bietet einen Zugang für die Basis einer relativ umfassenden Darlegung der »gelebten Lehre«.

Insgesamt sind zwölf Schüler, mit denen Ramesh in Briefkontakt steht, in diesem Buch vertreten: sechs, von denen ausschließlich Briefe, die sie von Ramesh empfangen haben, vorgestellt werden; zwei ausschließlich mit Briefen, die sie an Ramesh geschrieben haben; vier mit Briefen, die sie an Ramesh geschrieben und

Die Schüler

von ihm empfangen haben, und einer, der lediglich mit zwei Auszügen in dem vorhergehenden Kapitel, »Der Guru«, vertreten ist. Sie kommen aus vier westlichen Ländern. Praktisch alle sind erfolgreich in ihrem Beruf (oder pensioniert) in der Wissenschaft, der Erziehung, der Kunst oder dem Handel. Ihr Alter variiert von Mitte 30 bis Ende 70. Sie sind alle männlichen Geschlechts. Entsprechend ihren Charaktermerkmalen, ist diese Gruppe sicherlich weder für Rameshs Schüler noch für seine Korrespondenten repräsentativ. Die spezielle Zusammensetzung dieser Gruppe ist ein Ergebnis der Tatsache, daß diese Briefe die einzigen waren, die für eine Veröffentlichung zur Verfügung gestellt wurden.

Aus einer anderen Perspektive betrachtet, kann man jedoch behaupten, daß die Mitglieder dieser Gruppe absolut repräsentativ sind, denn bei jedem von ihnen und allen anderen Schülern Rameshs ist das Ereignis geschehen, daß sich der Verstand nach innen gekehrt hat, welches das unabdingbare, »charakteristische Merkmal« ist, das eine wesentliche Voraussetzung ist, um Rameshs Schüler zu werden. Doch, wie Ramesh in einem Brief ausführt, ist dieses fehlende Bewußtsein der wahren Natur eines solchen Ereignisses selbst die wahre Essenz des unverwirklichten Zustandes. Er schreibt:

»Die Basis des endgültigen Verstehens ist genau das: daß sich der Verstand nicht durch die Initiativen oder die Anstrengungen irgendeines Individuums nach innen gekehrt hat, sondern lediglich eine Bewegung im Bewußtsein ist, ein unpersönliches Geschehnis, das als ein persönliches Ereignis mißinterpretiert wird, welches zu einer persönlichen Errungenschaft führen soll, die auf einer höheren, mystischen Ebene als ›Erleuchtung‹ bezeichnet wird und auf der eher weltlichen Ebene als ›Frieden vom Verstand‹!«

Des weiteren können für manche die Briefe an den Guru wesentlich mehr werden als lediglich eine Kommunikationsform über große Entfernungen. Sie können zu einer Art Meditation werden, die im Advaita *Manana* genannt wird, was bedeutet, über die Lehren zu reflektieren, welches zu einem kritischen Verständnis durch Nachdenken führt. Über die Lehren zu meditieren, indem man dem Guru schreibt, kann unter den entsprechenden Umständen

Erleuchtende Briefe

eine deutliche Weiterentwicklung des Verstehens erzeugen. Wie Ramesh einem seiner Korrespondenten riet: »Ich meine, solange Du den Drang fühlst, weiterhin zu schreiben, solltest Du weiterhin täglich schreiben, wie Du es in diesem Brief getan hast. Es wird Dir nicht nur eine größere Klarheit verschaffen, sondern auch ein Gefühl von Erleichterung.«

In einigen der Auszüge, die nun folgen, ist zu erkennen, daß durch das Briefeschreiben selbst das Verständnis des Briefschreibers auf die eine oder andere Weise klarer geworden ist. Alle sechs Briefe, wenn sie auch recht unterschiedlich sein mögen, drücken eine essentielle Qualität der Beziehung aus – die Zwiesprache mit dem Guru.

Erster Brief   22. Juni 1989

Seitdem ich letzten Oktober vier Tage mit Dir in Joshua Tree zusammen verbracht habe, wollte ich Dir schreiben – nun tue ich es endlich.

Ich habe alle Deine Bücher gelesen und bin in der Mitte von *Experience Of Immortality*, das meiner Meinung nach das Beste ist. Das Konzept, das Du darlegst, ist das befriedigenste und aufregendste, das ich kenne.

Ich lege eine Kopie der Worte von Joseph Campbell bei, der angesehene und im Moment populäre Gelehrte der Mythologie, der vor kurzem verstorben ist. Die darin enthaltenen Worte von Schopenhauer scheinen für mich völlig mit Deinen Lehren übereinzustimmen. In der westlichen Philosophie habe ich nichts Vergleichbares gefunden, und ich dachte, daß es Dir gefällt.

Über das Nachfolgende habe ich eine Menge nachgedacht. Wie Du festgestellt hast, braucht der Verstand Konzepte. Wenn man das voraussetzt, was sind dann die Kriterien bei der Auswahl des Konzeptes, nach dem man lebt? Die intellektuelle Antwort wäre: seine Nützlichkeit, um spirituelles Wachstum zu erlauben oder zu fördern, doch dann ist die Frage: »Für wen?«, und das erübrigt eine Antwort. Die richtigere Antwort wäre also: seine Schönheit, Einfachheit und sein Reiz.

Das eine Mal, als ich FX zugehört habe, sagte er, daß er versuche, so zu leben, »als ob« er erleuchtet sei. Dabei entdeckte er, daß sein Leben weiterhin so war wie immer. Ich habe das ausprobiert und wahrgenommen, wann ich vom Weg abkam.

Wir haben vor, Dich zu treffen, wenn Du unser Land besuchen kommst.

Ich nehme an, daß Du festgestellt hast, daß ich Deine Lehren angenommen habe und Dir folge. Ich hoffe, Du wirst mich als Deinen Schüler akzeptieren.

Zweiter Brief   4. September 1989

Seit dem 29. August geht in mir ein Gedankenprozeß vor sich, der sich um das Thema »Entscheidungen treffen« dreht.

Ich erinnere mich an einen Satz in Deinem letzten Brief (vom 8. April 1989) an mich, in dem Du sagst: »Was immer geschehen soll, wird geschehen.« Irgendwie habe ich das Gefühl, daß das tatsächlich so ist. Und nun frage ich mich, ob man das weiterentwickeln kann und sagen: »Was immer geschieht und geschehen wird, ist exakt, was geschehen soll.«

Das heißt, man kann keine falschen Entscheidungen treffen. Wie auch immer man sich entscheidet, ist in Ordnung. *Es gibt keine falschen Entscheidungen.* Stimmt das, Ramesh?

Wenn andererseits die Entscheidung mit einem sorgenvollen Verstand getroffen wird und nicht alle wichtigen Umstände in Erwägung gezogen wurden, dann wird das Ergebnis mit höchster Wahrscheinlichkeit schlecht sein. Das wäre schade. Doch hat es letztendlich wirklich irgendeine Bedeutung? Ist das ein Grund, sich Sorgen zu machen und Angst davor zu haben, »Entscheidungen zu treffen«? Selbst wenn man unschlüssig ist und voller Sorgen – was macht das? Warum sollte man den Prozeß beschleunigen und versuchen, ihn zu beeinflussen?

Doch zurück zu meiner Frage, auf die ich gerne eine Antwort von Dir hätte: »*Ist es überhaupt möglich, eine falsche Entscheidung zu treffen?*«

Verfolgt man diese Frage noch weiter, dann kommt man notwendigerweise zu der Schlußfolgerung: *Nichts kann je falsch sein oder falsch laufen.* Stimmt das, Ramesh?

Erleuchtende Briefe

Was für eine Erleichterung, welche Schönheit, wenn diese Schlußfolgerung stimmt!

Dritter Brief   5. Dezember 1989

Du sagtest, daß Du davon überzeugt bist, daß Du Deinem liebenswürdigen und bemerkenswerten Gastgeber geholfen hast, indem Du mit ihm in seinen letzten Stunden vor seinem Tod gesprochen hast. *Meine Frage lautet: »Wie und warum« hast Du ihm geholfen?* Ich bin mir sicher, daß Du ihm geholfen hast, doch wenn das illusionäre *jiva* oder »Individuum« nach dem Tod zu seinem ursprünglichen, absoluten Bewußtsein zurückkehrt, wo liegt dann der Unterschied, ob er nach einigen Stunden Zufriedenheit oder einigen Stunden der Frustration und des Leidens gestorben ist? Ist das Endergebnis nicht das gleiche? Man kann die Frage auch anders stellen: Erzeugt der Tod den gleichen »Zustand« (was nicht wirklich ein Zustand ist), wie wenn man *Moksha* lebt? Und wenn dem so ist (ich glaube, Du sagtest das, als ich Dich 1988 traf und Du eine deutsche Frau erwähntest, die plötzlich verstand, daß »es nichts zu bedeuten hätte!«), dann ist der einzige Wert all der Schriften und Traditionen und der Weisheiten der Jnanis und Weisen, das Leben der Individuen glücklicher und zufriedener mit dem *Samsara* zu machen und sie bei dem Versuch, den Sinn des Lebens herauszufinden, vor endlosen Kämpfen und Frustrationen zu bewahren, um dieses oder jenes Ziel zu erreichen, das von illusionären Konzepten befürwortet wird. Es ist nochmals der Sufi-Poet Rumi, der diese Botschaft mit den Worten zusammmenfaßt: »Stirb, bevor du stirbst!«, was wohl, wie ich annehme, bedeutet: Stirb in deinem Ego oder deiner Individualität, bevor du physisch stirbst. Doch auch hier: Warum? Meine Antwort würde lauten: »Um den Rest des Lebens zu genießen« oder um das Elend und die Frustration zu beenden.

Diesbezüglich noch eine andere Frage: Ohne Zweifel können Individuen, die intensive und unerträgliche Schmerzen und Trauer durchlitten haben, sehr verstört sein und Angst davor haben, »wiedergeboren« zu werden, wie es in den Schriften genannt wird, es sei denn, sie erlangen die »Befreiung« in diesem Leben. Sie

Die Schüler

haben Angst davor, wiederum in noch mehr und vielleicht noch schlimmeres Leiden verstrickt zu werden in der »Hölle« eines weiteren Lebens auf dieser Erde. Wie ich Maharaj verstanden habe, ist das lächerlich, denn niemand wird wiedergeboren. Er spricht von der »Wolke von Bildern und Vorstellungen«, die den Tod einer Person überleben, und die in die Gestaltung des neuen Körpers einfließen. Doch vermutlich wird dieses neugeborene »Individuum« von einem Bewußtsein belebt, das von dem Einen und Einzigen Bewußtsein stammt, und scheint nicht das gleiche »Stückchen« Bewußtsein zu sein, das den vorherigen (für immer vergangenen) Körper belebt hat. Mit einfacheren Worten ausgedrückt: Angenommen ich leide an einer unheilbaren, qualvollen Krankheit. Meine Freunde und andere Menschen erleiden nicht die Schmerzen, »ich« scheine unter den Schmerzen zu leiden. Die »Wolke von Bildern und Vorstellungen«, aus der mein Charakter und meine Persönlichkeit zusammengesetzt ist, wird weitergereicht, wie Du selbst gesagt hast, an einen anderen Körper in der Zukunft. Wird die »Person«, die die Schmerzen des zukünftigen Körpers zu ertragen hat, das gleiche »Ich« sein, das im Moment unter diesem Körper leidet? Oder kommt das Bewußtsein des zukünftigen Körpers einfach vom Universellen Bewußtsein und kann keine spezielle Beziehung zu dem »Ich« haben, das im Moment unter dieser unheilbaren Krankheit leidet? Diese Frage basiert auf der illusionären Vorstellung eines »Ich«, und ist daher höchstwahrscheinlich auf keine endgültige und sinnvolle Weise zu beantworten.

Vor kurzem saß ich beim Zahnarzt und mußte für drei Minuten recht unangenehme Schmerzen ertragen und war gerade dabei, das alles, wenn möglich, zu verdrängen, als mir klar wurde, daß diese drei Minuten recht wertvoll sein könnten. Und während ich mich entspannte und über diese Fragen nachdachte, kam es mir plötzlich, daß der Verstand jegliches Verständnis umfassen will, es sicher einlagern möchte und solche Art von Weisheit erhalten möchte und vor Widersprüchen und Vergessen beschützen will. Doch konserviert er dabei nicht *Jnana*, sondern das Ego, den Verstand selbst, der lediglich ein Ausdruck und Verteidiger des Ego ist. Er sichert sich dadurch eine momentane Befriedigung, doch gleichzeitig blockiert er den Einlaß tiefer Intuition oder »Erleuchtung«.

Vor Jahren habe ich mich vom Leben eines Schülers zurückgezogen und an diesem einsamen Ort in den Bergen am Fluß niedergelassen, um, neben anderen Dingen, ein Imker zu werden. Man kann viel von den Bienen lernen. Die heiligen Schriften und Traditionen beziehen sich auf die Bienen. Sie werden nicht von Fragen gequält, wie sie in diesem Brief gestellt wurden. Sie kennen und akzeptieren ihren Platz in der Welt, ohne Fragen zu stellen. Ich kann lediglich feststellen, daß wir, trotz der Entwicklung des menschlichen Verstandes, bis ins letzte Detail und in allen Handlungen vom Göttlichen Absoluten programmiert und begrenzt worden sind, genauso wie die Bienen. Und wie wunderschön und phantastisch ist dieser programmierte Traum – wenn wir ihn sich nur so entwickeln lassen könnten, wie es die Bienen tun.

Du warst sehr liebenswürdig und eine wahre Inspiration. Ich hoffe, daß Du die Fragen in diesem Brief beantworten wirst, auch wenn die letztendliche Antwort nur sein kann: »Wer will das wissen?«

Vierter Brief　　　　　　　　　　　　　　　1. Dezember 1990

Die sechs Monate, die ich im Krankenhaus verbrachte, begannen in diesem Monat vor zwei Jahren. Zu Beginn schien es wie eine fürchterliche, sich dahinziehende Tortur, doch daß ich es annahm mit bemerkenswertem Gleichmut überraschte mich selbst, genauso wie alle anderen. Das Ego war völlig verwirrt von diesem untypischen Verhalten, und es war zu dem Zeitpunkt zu dumm, zu erkennen, daß dies das Ergebnis der »gelebten Lehre« war. (Genaugenommen ist es immer noch nicht davon überzeugt.)

2. Dezember 1990

Wenn das Wort *Sadhana* im Advaita irgendeine Anwendung findet, dann meine ich, daß es auf den Kampf beschränkt werden sollte, den der Suchende bei seinem Versuch durchläuft, im Gewahrsein des Gewahrseins zu verbleiben. Dieser Prozeß könnte in

Die Schüler

seiner Essenz beschrieben werden als ständiges Umhertappsen im Dunkeln, um den Weg zurück zum »ICH BIN« zu finden.

Jahrelang habe ich diesen »Prozeß« als analog zu wissenschaftlichen Experimenten auf völlig unerforschten Gebieten betrachtet (Versuch und Irrtum). Die Lehren können die Richtung anzeigen und generelle Richtlinien vorgeben, aber der Suchende muß das Unbekannte selbst erforschen. Doch es gibt einen wirklichen Unterschied zwischen dem Suchenden und dem Wissenschaftler, dessen bin ich mir persönlich sehr bewußt. Wenn ich wissenschaftliche Experimente durchführte, dann glaubte ich immer zu wissen, was ich kontrollierte und wie ich es kontrollierte. Bei dem Versuch, durch diesen Zugang das »ICH BIN« auf der Basis von Versuch und Irrtum zu entdecken, wurde sehr bald deutlich, auch wenn ich mir bewußt war, eine bestimmte »Methode« zu benutzen, ich hatte keine Ahnung davon, was vor sich geht, ganz davon zu schweigen, wie all dies kontrolliert wurde. Doch trotz dieser Einsicht, die den Stempel von axiomatischer Unwiderlegbarkeit trägt und bereits vor drei Jahren geschah, glaubt das Ego weiterhin, daß es zumindest ein wenig Kontrolle über diesen Prozeß hat.

3. Dezember 1990

Als ich im Dezember 1985 zum erstenmal einige Zeilen in *I Am That* las, war ich augenblicklich davon überzeugt, daß die Lehren wahr seien. In jenem magischen Moment wußte ich zum erstenmal, daß ich Bewußtsein bin. Innerhalb weniger Monate erschien das ICH BIN. Und dann, im Oktober 1987, während meines persönlichen Gesprächs mit Dir, hast Du mir den ersten Einblick in die Natur des Egos gegeben. Auch hier war ich augenblicklich davon überzeugt, daß Du mein Guru bist. Doch trotz dieser phantastischen, bis dahin unvorstellbaren Entwicklung, schienen die Lehren in gewisser Weise »außerhalb« von mir zu bleiben. Um es genauer auszudrücken, schien ich außerhalb zu bleiben und nach innen zu schauen; nach innen schauend mit einem Verlangen.

Nach fünf Jahren scheint es, als ob sich die Türen zu öffnen begonnen haben und den Weg zum Herzen der Lehre freigeben. Da ist tiefe Ehrfurcht und Staunen. Was die Heiligen gesagt haben ist Wahr, ist Hier, ist Jetzt, ist ICH.

5. Dezember 1990

In Deinem Brief vom 22. Januar 1989 sagtest Du: »Vergiß bitte nicht, daß ich immer bei Dir bin, unabhängig von Zeit und Raum.« Ich erinnere mich, wie ich Dich während des Anrufes aus dem Krankenhaus fragte, was die »wahre« Bedeutung dieses Satzes sei. Nun weiß ich es. Du hast Dich auf Deine Präsenz als der Sadguru im Inneren bezogen. Und es war genau diese Präsenz, die eine uncharakteristische Akzeptanz der Krankheit mit sich brachte.

Fünfter Brief 15. September 1990

Nun hat mich doch die Lust zu schreiben überkommen.

Was Du mir gesagt hast, ist die WAHRHEIT. Du hast mir geraten, wenig zu tun und lediglich zu beobachten, ohne zu urteilen. Zunächst schien nichts zu geschehen (doch was kann auch anderes geschehen, als das Was Ist!?). Doch kürzlich wurde etwas abgestreift – wie Haut, die sich schält – so, wie es die Schlangen von Zeit zu Zeit tun. Ungefähr seit Juli begannen eine Reihe von Ereignissen im Leben.

Ich war zu einer Geschäftsbesprechung eines Großunternehmens, für das meine eigene Firma gearbeitet hatte, eingeladen worden, eine Art Halbjahrestreffen, Ziele, Budgets, und ähnliches – Du kennst diese Dinge. Während der Besprechung überkam mich ein unwiderstehliches Bedürfnis, mich von den Aktivitäten meiner Firma zurückzuziehen, und die Worte kamen einfach aus mir heraus. Es überraschte jeden, mich eingeschlossen. Seit dreieinhalb Jahren machte ich diese Arbeit und verdiente sehr gutes Geld und Ansehen. Doch der Druck war sehr stark.

Ich arbeite nun von zu Hause, und es ist, wie Du gesagt hast: »Akzeptiere alles – ›Gutes‹ und ›Schlechtes‹, wie es das Leben bringt –, unaufgefordert und ohne Verlangen«. Seit mehreren Monaten kann ich eine ruhigere Lebensweise beobachten, zum erstenmal in meinem Leben keine Spannungen, keine Migräne, eine ruhigere Gangart – weniger Geld, doch immer noch mehr als genug, um die Familie zu ernähren. Wir sind dankbar.

In letzter Zeit haben mir selbst Fremde spontan gesagt: »Mein Gott, Du siehst so friedvoll aus!!« Es überrascht mich, Ramesh. Du hast mir nahegelegt, nichts zu tun oder nichts nicht zu tun – außer vielleicht mit dem Gefühl »ICH BIN« zu bleiben – und alles scheint durch eine andere Kraft von alleine zu geschehen. »Ich« scheine es nicht herbeiführen zu können oder damit Schritt halten zu können. Seit den letzten Wochen geschieht das Gegenteil – mir fällt es schwer, nicht im JETZT zu bleiben – der einfachen Beobachtung der Geschehnisse – innerhalb des Körpers als Bewegung, Verstand (Gedanken) und Gefühl. Ereignisse, die sonst starke Reaktionen erzeugten, scheinen im Verstand wenige oder keine Wellen hervorzurufen, und selbst jetzt – ohne jeglichen ersichtlichen Grund – steigt ein wunderbares Gefühl von Freude in mir auf. Auch dies wird ohne Qualifizierung beobachtet – doch es muß festgestellt werden, daß es manchmal schwer ist, sich darin nicht zu verlieren. Alles geschieht, wie es soll.

Erinnerst Du Dich noch an den ersten Brief, den ich Dir geschrieben habe? Ich war so sehr an den Dingen des Körper-Verstand-Komplexes interessiert. Du sagtest lediglich: »Vergiß alle Selbstverbesserungen!!« Verbesserungen, Wandel und die Beschäftigung mit diesen Dingen beziehen sich nur auf Vorstellungen im Bewußtsein und sind letztendlich von wenig oder keinem Wert. Doch ohne jegliche *Arbeit* am und Sorgen um das individuelle Selbst geschieht alles natürlich, ohne Anstrengung und mit weniger und weniger Gedanken verbunden. Die Aufmerksamkeit war stark auf den Hintergrund ausgerichtet – manchmal für längere Zeiträume –, und nun geschieht die Beobachtung mit noch weniger Gedanken an die Objekte. Du wirst vielleicht schmunzeln, doch in letzter Zeit sind meine Gedanken mehr und mehr mit Vorstellungen von DIR gefüllt, und die Freude an diesen Bildern erfüllt mein Herz für längere Zeiträume. Manchmal erklingt auch der Name RAMESH, erfüllt von einer Brise von Freude.

All diese Dinge sind vorübergehender Natur, ich weiß, und letztendlich gibt es nur das, aus dem Alles andere entsteht. Dies ist das Letzte Konzept, welches, wie ich annehme, zum angemessenen Zeitpunkt wie alles andere auch verschwindet.

Das Leben ist im Moment weich, sanft und leicht – doch alles vergeht, und der Test wird sein, diese Weisheit bei allen vergänglichen Dingen zu bewahren – oder nicht?

Sechster Brief   31. Januar 1988

Dein Brief hat mich sehr glücklich gemacht. Meine Realisierung ist so vollständig, daß alle Worte nicht ausreichen, um es auszudrücken. Ich verweile in einem unglaublichen Zustand von innerem Frieden und lebe die Antwort der upanishadischen Frage, die ich in meiner Universitätszeit gelesen habe: »Was ist es, durch dessen Wissen alles andere gewußt wird?« Ich bin dankbar, daß Du hierher gekommen bist, so daß es möglich war, Dich persönlich zu treffen und all die Fragen über Dinge des Advaita zu stellen, die nach vielen Jahren des Nachdenkens herangereift waren. Die Zeit war reif, Dich zu finden, und meine 30 Jahre des Flirtens und der Liebe mit indischem Gedankengut haben sich, wie es scheint, »ausgezahlt.«

Ich bin mit Arbeit überschwemmt, und meine Einstellung dazu hat sich sehr verändert. Ich bin nicht als Person darin verwickelt, und das verändert natürlich alles. Mein Terminkalender erlaubt es mir leider nicht, zum Seminar in Kovalam zu kommen.

Lieber Ramesh, tausend Dank, daß Du hierher gekommen bist. Liebe Grüße an Deine Familie.

Die Briefe

Dieses Kapitel beinhaltet 44 Briefe, die in den Jahren 1986 bis 1993 an zehn Schüler geschickt wurden. Hier können wir die »gelebte Lehre« sehen, »wirkliche« Menschen, die versuchen, mit Hilfe der Führung von einem Wahren Guru mit dem »wirklichen« Leben klarzukommen. Unter diesen Umständen ist die Führung mehr spezifisch als allgemein.

Wenn Ramesh die Lehren einer größeren Anzahl von Menschen darbietet, wie zum Beispiel durch seine Bücher oder bei öffentlichen Gesprächen, dann muß er notwendigerweise auf einer mehr allgemeinen und unpersönlichen Ebene sprechen. In seinen Briefen jedoch können wir den Guru in einer intimen Beziehung zu einzelnen Schülern beobachten, und er präsentiert die Lehren auf eine Weise, die die spezifischen Bedürfnisse und Kapazitäten miteinbezieht. Tatsächlich ist für die meisten Schüler der Brief an oder der Brief vom Guru die engste Verbindung, das persönliche Gespräch ausgenommen.

Die meisten von Rameshs Schülern leben nicht in Indien, und wenn sie noch nicht erkannt haben, daß der Wahre Guru sowohl in ihnen selbst als auch in Ramesh ist, dann sehen sie sich mit etwas konfrontiert, das ihnen als ein Problem der Zeit-Raum-Dimension erscheint. Zum einen mag die physische Präsenz des Gurus Tausende von Meilen entfernt sein; zum anderen dauert ein Brief für diejenigen, die diese Kluft der Entfernung durch einen Briefwechsel zu überbrücken suchen, normalerweise zwei Wochen, um eine Antwort nach Europa zu bekommen und einen Monat in die USA. Da die Zahl der Besucher, die ein persönliches Gespräch mit Ramesh in seinem Heim suchen, über die Jahre sehr gestiegen ist, hat Ramesh immer weniger Zeit für die Korrespondenz, und somit dauert es nun noch länger als bisher, bis man eine

Antwort bekommt. Doch wenn sich das Briefeschreiben von einer Kommunikation zu einer Zwiesprache entwickelt, dann sind die Auswirkungen von Zeit und Raum minimal. Während einige Briefschreiber davon beeinflußt werden, was sich ihnen als ein »äußerliches« Problem der Zeit-Raum-Dimension darstellt, mögen andere mit einem Problem konfrontiert werden, das als ein Problem »innerhalb« Psyche erachtet wird. Ramesh berät einen Schüler:

»Ich freue mich über Deine Reaktion auf meinen Brief ... Du schreibst, obwohl Du den Brief mindestens fünfmal gelesen hast, ›kann ich anscheinend nicht die wesentliche Substanz des Briefes erfassen.‹ Das ist genau die Reaktion, die mich glücklich macht. Später schreibst Du: ›Von allen Briefen an Dich war dies der allerschwerste. Er war sogar recht verwirrend.‹ Wäre das eine Unterhaltung statt eines Briefwechsels, dann wäre die Antwort völliges Schweigen, es gäbe keinen Bedarf für irgendwelche Worte; jedes Wort wäre nicht nur bedeutungslos, sondern sogar despiktierlich, denn es wäre der Beweis, daß die Reaktion nur auf der intellektuellen Ebene geschieht.«

In den folgenden Briefen wird deutlich, daß die Antwort des Gurus eine völlige Konzentration seiner Aufmerksamkeit auf die Bedürfnisse eines jeden Briefschreibers widerspiegelt. Manchmal zitiert oder umschreibt Ramesh Fragen oder Kommentare von den Briefen seiner Schüler, gefolgt von höchst wichtigen und erleuchtenden Überlegungen bezüglich der angesprochenen Thematik. Die unmittelbare Nähe von Frage und Antwort erzeugt ein Gefühl von konzentrierter Direktheit und Intimität in einer Angelegenheit, die sonst als eine Beziehung des Korrespondenten über große Entfernungen erachtet werden könnte.

Für uns, die Leser dieser Briefe, bringen Rameshs gelegentliche Zitate von Teilen der Briefe seiner Korrespondenten einen unbeabsichtigten Vorteil, denn dadurch haben wir einen Zugang zu mehr als nur dem halben Briefwechsel.

Die Lehren selbst sind nicht der einzige Gesichtspunkt dieses Buches. Ein weiteres, wichtiges Ziel ist, die Natur der Guru-

Die Briefe

Schüler-Beziehung zu beleuchten. In dieser Sammlung von Briefen haben daher einige der angeführten Themen sehr wenig mit den Lehren zu tun. (Dieser wichtige Aspekt der Korrespondenz wird besonders durch viele der Auszüge im vorhergehenden Kapitel, »Der Guru«, veranschaulicht.) Das wird deutlich, wenn man wahrnimmt, daß der Guru auch ein Freund ist, und so werden oft gleiche Interessen und gemeinsame Erfahrungen, die angeblich nichts mit den Lehren zu tun haben, diskutiert. Doch ein wichtigerer Aspekt dabei ist die Tatsache, daß im Advaita die Lehren nicht zur Doktrin werden, sondern daß das Leben selbst in seiner ganzen Bandbreite die Lehre ausmacht, und es ist die »Rolle« des Gurus, dem Schüler eine neue Perspektive der Lebenslehren zu vermitteln.

Doch es gibt dabei noch andere Faktoren. Eine der Funktionen des Gurus ist es, seinen Schülern Rat zu geben. Dieser Rat kann etwas weltliches sein, wie jemandem, der zum erstenmal nach Bombay kommt, Informationen über das Klima zu geben. Doch hat der größte Teil seiner Ratschläge eine wesentlich direktere Verbindung mit den Lehren, wie zum Beispiel einem Korrespondenten, der auf seine spirituelle »Weiterentwicklung« fixiert ist, zu sagen, daß Gedanken solcher Art lediglich bezeugt werden sollten. Andererseits gibt ein Advaita-Guru nur selten, wenn überhaupt, einen Rat bezüglich der psychosozialen Probleme des Suchenden, da diese Probleme lediglich Symptome sind und es die Funktion des Gurus ist, die Aufmerksamkeit des Schülers nicht auf die grundsätzlich unwichtigen Ablenkungen, sondern auf die Basis aller erkennbaren Schwierigkeiten zu lenken.

Jeglicher Rat von einem Guru basiert immer auf dem Selbst, und dieser Rat ist grundsätzlich immer der gleiche – er wird lediglich entsprechend den Umständen anders ausgedrückt. Zum Beispiel ist die wahre Essenz der Lehren: daß wir nicht die Handelnden sind. Das bedeutet, daß wir in unserem Briefwechsel nicht die Briefschreibenden sind. Immer wieder versucht Ramesh die Lehren direkt in das Bewußtsein seiner Korrespondenten zu rücken, indem er ihre Aufmerksamkeit auf den angeblich »Ausführenden« als den Schreiber der Briefe lenkt. Einem enthusiastischen, doch zurückhaltenden Briefschreiber mag er so etwas schreiben wie:

»Schreib mir, wann immer Dir danach ist.« Andererseits sagt er zu jemand anderem, der eine Ablehnung gegenüber seinem eigenen Gefühl entwickelt, daß das regelmäßige Briefeschreiben obligatorisch sei: »Schreibe nur, wenn Du das Bedürfnis danach verspürst.« Dies sind keine Anordnungen, auch keine Wünsche; in beiden Fällen wird der gleiche Ratschlag, nach innen zu schauen und die spontane Basis aller Verhaltensweisen zu erkennen, einem personifizierten Bewußtsein gegeben, das sich irrtümlicherweise für den Schreiber der Briefe hält.

So wie die Beziehung mit dem Guru einen Reifeprozeß durchläuft, mag der Korrespondent feststellen, daß es weniger und weniger über die Lehren zu sagen gibt. Unter solchen Umständen mögen manche Schüler ihre Korrespondenz mit dem Guru aufgeben, während andere weiterhin Briefe anderen Inhalts schreiben. Auch hier mag der Schüler noch nicht völlig verstehen, was vor sich geht, und dann bietet der Guru einige klärende Kommentare an:

»Ich freue mich sehr, Deinen Briefen zu entnehmen, daß meine Briefe allmählich ihre Funktion als eine Krücke verlieren und daß unsere Korrespondenz ihre legitime Funktion übernimmt, ›eine greifbare Verbindung zu unterhalten‹ zwischen dem Guru und dem Schüler und nicht über den Fortschritt Buch zu führen.«

Oder:

»Ich habe Deinen Brief gerade nochmals durchgelesen, und es ist interessant zu beobachten, daß Du nicht allzuviel über die Lehren zu sagen hast und daß dieser Briefwechsel ganz offensichtlich die Funktion übernommen hat, miteinander in Kontakt zu bleiben.«

In der folgenden Sammlung von Briefen haben wir die Möglichkeit, den Guru zu beobachten, wie er in geeigneter Weise auf die Eigenheiten eines jeden Schülers eingeht. Die Reihenfolge, in der die Korrespondenz in diesem Kapitel zusammengestellt wurde, entspricht der Menge des Materials in Anzahl und Länge der Briefe, die in jedem einzelnen Fall vorliegen. Die Briefe, die einen längeren Zeitraum umfassen, vermitteln uns einen Eindruck davon,

Die Briefe

wie der Guru die Entwicklung des evolutionären Prozesses beschreibt. Es ist der Gipfel der Ironie, daß eine Lehre, deren Prämisse es ist, daß es so etwas wie ein »Individuum« gar nicht gibt, dem Schüler wesentlich mehr »individuelle« Aufmerksamkeit bietet, als er es jemals irgendwo anders finden könnte.

Zum Schluß gibt es noch festzustellen, daß eine der Qualitäten dieser Briefen die LIEBE ist, mit der sie geschrieben wurden, und damit ist eng die Freude des Gurus über die Reaktionen des Schülers auf die Lehren verbunden.

Brief an RS

12. Juni 1991

Vielen Dank für Deinen Brief vom 14. Mai.

Es freut mich, daß Dir das Maui-Seminar gefallen hat. Ich habe es auch genossen. Es war genau der Klimawechsel, den ich brauchte, um meine Gesundheit zurückzugewinnen.

Für den Erwachten gibt es nicht das Problem, daß er irgendwelche Entscheidungen auf der Basis von »als ob« trifft. Alle Ereignisse GESCHEHEN als ein Teil des Ablaufs der Totalität – der Weise trifft keine Entscheidungen, trifft nicht die Wahl: Alle Handlungen geschehen intuitiv, und er macht sich noch nicht einmal Gedanken über die Richtigkeit der Handlungen, die geschehen sind. Das ist genau der Grund, warum er manchmal für unsensibel in bezug auf die Gefühle anderer mißverstanden wird: Es gibt kein Individuum, das sensibel oder unsensibel sein könnte – doch was tief drinnen existiert ist MITGEFÜHL, denn sonst würde er nicht zu Leuten sprechen.

»Freier Wille und Vorsehung sind beide wahr« in dem Sinne, daß das normale Individuum nicht anders als in Begriffen von »freiem Willen« denken kann; es kann nicht anders handeln als in Begriffen von »freiem Willen«; und es glaubt, daß alles, was geschieht, ein direktes Ergebnis seiner Entscheidungen ist, daß seine Entscheidungen entweder korrekt oder nicht korrekt waren. Das Individuum, das ein gewisses Verständnis der spirituellen Grund-

Erleuchtende Briefe

lage hat, WEIß, daß es wahrlich keinen freien Willen hat, doch da es im täglichen Leben weiterhin Entscheidungen treffen und dementsprechend handeln muß, tut es das auf der Basis, »als ob« es die Wahl und den freien Willen hätte, doch WEIß es, daß sie ein Teil des Ablaufs der Totalität sind, und daher seine Entscheidungen – korrekt oder unkorrekt – nicht hätten anders sein können.

Der Erwachte *beschäftigt* sich nicht mit dieser intellektuellen Analyse – er weiß, daß die scheinbaren Entscheidungen und Handlungen nicht »seine« eigenen sind! Sie basieren nicht im mindesten auf Erwartungen – sie basieren nicht auf dem, was Ramana Maharshi als »SANKALPAS« bezeichnet hätte.

Herzliche Grüße, mein lieber Freund, und LIEBE.

Brief an MN

2. Mai 1990

Ich habe des öfteren daran gedacht, Dir zu schreiben. Gestern habe ich den ganzen Tag an Dich gedacht. Ich dachte: Was hast Du eigentlich MN gegeben? Die Antwort war:
1. Ich habe MN gesagt, daß die Brille, die er suchte, bereits auf seiner Nase sitzt – es gibt nichts zu suchen; und
2. wenn die Brille nicht bereits auf seiner Nase sitzen würde, dann könnte er – ohne seine Brille – nach überhaupt nichts Ausschau halten.

Und nun einer von diesen sogenannten »Zufällen«! Dein Brief kam gerade an.

Ich kam am Samstag, den 21. April, von Kovalam Beach zurück. Es war ein sehr gutes Seminar: Die Gruppe, ungefähr zehn bis zwölf Deutsche und zehn bis zwölf Amerikaner, war ausgezeichnet. Es war sehr angenehm, wenn auch anstrengend: 25 Gruppengespräche und 25 persönliche Gespräche in weniger als zwei Wochen!

Du bist nun reif für den endgültigen Schubs ins Nichts – von der Felsenklippe!

Du sagtest: »Als ich mit dir zusammen war, sah ich glasklar die völlige Unpersönlichkeit des Ablaufs der Totalität, daß die Vor-

Die Briefe

stellung einer persönlichen ›Handlung‹ absurd ist, und trotzdem steige ich wieder darauf ein und übernehme wieder die Subjektivität, von der ich *weiß*, daß sie eine Halluzination ist.«

Mein lieber MN, erkenne, daß Du nicht wieder die Subjektivität übernimmst. DU BIST DIE SUBJEKTIVITÄT. DU bist nicht MN. Laß MN sich in *seinem* »normalen« Leben verstricken. Das ist genau seine Bestimmung. Laß MN Liebe mit seiner Frau machen, am Morgen aufstehen, zum Krankenhaus gehen, seine Patienten behandeln, sein Essen genießen, alle möglichen Dinge mit seinen Kollegen besprechen ... DU bist davon unbetroffen. DU bist nicht MN. DU bist, was ICH bin. Warum sollte ICH mich darum kümmern, was Ramesh tut? Warum solltest DU Dich darum kümmern, was MN tut? Sie beide tun, was die Totalität durch diese beiden Instrumente geschehen lassen will. DU und ICH sind davon unberührt. DU und ICH SIND die TOTALITÄT – und dessen unpersönlicher Ablauf ist ein sich selbst erzeugender Prozeß. DU und ICH sind lediglich Zeugen dessen, was auch immer geschieht, ohne zu urteilen. DU und ICH sind nicht betroffen davon, was MN und Ramesh *anscheinend tun*.

Wenn Du keinen starken Drang zu schreiben verspürst, dann laß es sein. Es wird nicht mißverstanden werden. Tue, und tue nicht, ganz Deinem Gefühl entsprechend. Du bist nicht derjenige, der es tut. Was immer als ein Teil des Ablaufs der Totalität notwendig ist, wird durch MN geschehen.

Du wirst Dich sehr bald an diese »Zweiseitigkeit« gewöhnen! Dieser Wechsel der Gänge von MN zu DIR geschieht mit außergewöhnlicher Sanftheit. Es war nicht MN, der die Dinge so klar und deutlich erkannte, als er mit mir zusammen war. DU warst es, der es verstand. *Es war das Verstehen, das verstand*. MN, der eine Illusion ist, hatte nichts damit zu tun. Warum läßt DU nicht MN sein Leben leben, ohne DICH um den armen Kerl zu kümmern?! Und dann gibt es kein Flip-flop, kein hin und her. DU bist nicht MN, also gibt es auch kein Flip-flop. Solange das Flip-flop geschieht, sollte es lediglich bezeugt werden, doch es wird nicht mehr lange dauern, bevor es verschwindet. ICH WEIß ES. Vergiß das ganze Chaos – DU bist davon unbetroffen. Laß MN sein Leben leben.

Erleuchtende Briefe

Briefe an CD

28. Januar 1988

Dein Brief ist letzte Woche angekommen.

Du hast verschiedene Dinge in Deinem Brief angesprochen, die zeigen, daß Du die Lehren recht gut verstanden hast – vielleicht nur auf intellektueller Ebene, doch nichtsdestoweniger korrekt.

Du hast absolut recht, wenn Du ausdrücklich erwähnst, daß der Versuch, mit dem Verstand zu verstehen, sinnlos ist. Zu Beginn ist es ausschließlich der Verstand, mit dem etwas verstanden werden kann, doch es ist sinnlos, den Verstand Fragen und Probleme daraus fabrizieren und sie dann beantworten zu lassen!

Das einzige, das geschieht – und geschehen ist –, ist lediglich ein unpersönlicher Prozeß. Die Gesamtheit der Manifestation ist eine Erscheinung im Bewußtsein, genau wie ein Traum; ihr Ablauf ist ein *unpersönlicher* und sich selbst erzeugender Prozeß in der Phänomenalität. Die Milliarden von Geisteswesen sind lediglich die Instrumente oder Charaktere in dem Traumspiel, durch die dieser unpersönliche Prozeß abläuft. Das klare Erfassen dieser Wahrheit bedeutet ERLEUCHTUNG oder Erwachen.

Deine Reaktionen auf die Lehren sind tatsächlich sehr »gut«. Und wie Du sagtest, wenn Du Dich daran erinnern kannst, daß Du GELEBT WIRST, dann kannst Du mit dieser Ebene von Realität im Leben sehr gut umgehen.

Herzliche Grüße und Alles Gute zum Neuen Jahr.

21. Januar 1989

Ich habe Deinen Brief vom 7. Januar erhalten. Briefe aus den USA scheinen im Moment ein wenig länger zu brauchen – ungefähr zwei Wochen.

Du kannst gerne so oft schreiben, wie Du möchtest.

Eine Feststellung, die vom individuellen Standpunkt aus betrachtet absurd und egoistisch erscheint, kann, wie Du feststellst, vom Standpunkt der Totalität aus betrachtet, die Wahrheit sein. Doch es wäre immer noch ein *Konzept*.

Wenn der Verstand ruhig ist, und es gibt keine Gedanken, nicht

Die Briefe

einmal Gedanken über die Erleuchtung, und es gibt nur den augenblicklichen Moment – hier und jetzt – und die völlige Akzeptanz dessen, was auch immer IST in dem Augenblick, dann wird nichts anderes benötigt.

2. Februar 1989

Ich habe mich gefreut, Deinen Brief vom 5. Januar zu erhalten. Er kam erst drei Wochen später hier an, zusammen mit einem anderen Brief vom 16. Januar! Wer kann die Launen der Post begreifen?

Die Erfahrung mit dem Schauspieler, die Du beschrieben hast, zeigt, daß Deine Wahrnehmung in gewissem Sinne »offener« geworden ist. Dein Verstand akzeptiert die bestätigende Sichtweise, und das, wie, dieser kontrollierten Sichtweise entsprechend, Dinge gesehen werden, als nur einen Aspekt dessen, was »da draußen« geschieht; und wenn die eigene Sichtweise nicht willkürlich beschränkt wird, dann werden die Erfahrungen nicht daran gehindert, zu geschehen – und das ist der entscheidende Punkt. Es ist allerdings genauso wichtig, solchen Erfahrungen keine besondere Bedeutung beizumessen.

Wie Du selbst gesagt hast, man ist dermaßen trainiert, das Leben als angefüllt mit Verantwortung und Zweck zu sehen, daß man, wenn man durchs Leben gleitet, ein seltsames Gefühl von Desorientierung empfindet. Was auch immer im Leben geschieht – und welche Reaktionen auch immer auf diese Ereignisse geschehen – es kann nur bezeugt werden. Wie Du auch hier gesagt hast: Was kann man sonst machen? – als nicht den Verstand davon abschweifen zu lassen (und Vorstellungen zu erschaffen), was in Form von Handlungen geschieht. Und selbst dieses Abschweifen kann bezeugt werden. Jedoch schneidet dieses Zeugesein das Konzeptualisieren ab.

Es gefällt mir, wenn Du sagst, daß Du sehr klar zu erkennen beginnst, was für ein Blödsinn diese ganze Sache, die Leben genannt wird, ist, und trotzdem sieht man im gleichen Moment dieser Erkenntnis die alles überlagernde Schönheit und Verwunderung über die Spontaneität all dessen.

Deine Handschrift ist absolut okay, kein Problem.
Schreibe, wann immer Du Dich danach fühlst.

2. Mai 1989

Ich habe Deinen Brief vor mir liegen.
Ich war sehr erfreut und sehr berührt von dem, was Du in Deinem Brief gesagt hast. Ich bin sehr froh, daß Du diese einfachen Lehren so tief verstanden hast. »Du« kannst die Lehren nie wissen oder verstehen – Du kannst die Lehren SEIN, und wenn Du sie bist, dann wird das »Du« längst verschwunden sein!

Brief an TQ

13. September 1993

Ich habe Deinen Brief vom 28. August erhalten. Natürlich habe ich mich sofort an Dich erinnert!! Übrigens hat Dein Brief eine starke Woge von Sympathie und Mitgefühl für Dich erzeugt.
Nur wenn das »Ich«, das Ego wirklich in den Hintergrund rückt, nur dann ist es möglich, in relativem Frieden, ohne eine regelmäßige Arbeit zu leben. Somit überrascht es mich nicht, daß Du »in ein schwarzes Loch von Verzweiflung und Sorgen über die Zukunft gefallen bist.«
Ich höre gerne, daß Du vielleicht schon bald zu Deiner Arbeit zurückkehrst oder zumindest einige Aktivitäten unternehmen wirst, die Deine Fähigkeiten und Deine Interessen an Computern erneuern werden. Ich bin mir sicher, es wird eine entscheidende Hilfe sein.
Doch es gibt etwas, daß ich erwähnen sollte, denn ich glaube, Du hast es nicht erkannt. Du schreibst sehr wortgewandt von der Zeit, da Du mir zuhörtest und so sehr darin versankst, daß die Worte, die Welt selbst, sich auflösten. Des weiteren schreibst Du von dem magischen Augenblick in Kovalam 1990 und dann fügst Du hinzu: »Ohne Grund fiel ich am Ende des Seminars in eine recht tiefe Depression.«
TQ, bei all diesen Gedanken ist der Denke*nde*, der Erfahre*nde*, der Handel*nde*, das dominierende Element. Doch es gibt ein solches Wesen gar nicht. Bevor dies nicht *zutiefst* erfaßt wird, wird der Erfahrende weiterhin leiden. Du sagst: »Natürlich weiß ich

nicht, was geschehen wird. Ich weiß noch nicht einmal, warum ich Dich wiedersehen möchte ...« Hier ist er wieder der Denken*de*, der in Kategorien eines gespaltenen Verstandes von Subjekt-Objekt denkt.

Hier kommt der »Guru« ins Bild – jedoch nicht als der Lehrer oder der Berater oder der Führer, so wie der Westler sich »diese Person« vorstellt. Offen gesagt, immer, wenn eine wirkliche Transformation geschah – nicht nur auf der intellektuellen Ebene –, dann habe ich eine deutliche Transformation des Verständnisses von der Guru-Schüler-Beziehung beobachtet. Die *LIEBE* für den Guru schäumt über in einer Flut von Gefühlen, die zum Substrat für jedes zukünftige Verständnis wird und schließlich im Erfassen endet – die Auflösung der Angst vor allen phänomenalen Problemen, wodurch ein ständiges Gefühl völliger Freiheit erzeugt wird, ein Gefühl von Leichtigkeit, in der Luft zu schweben: »Wie ein trockenes Blatt in der Brise.« Diese Transformation ist NICHT auf der phänomenalen Ebene: Sie ist von einer anderen Dimension, die von einem Gefühl tiefster Verehrung für den Guru erzeugt wird, einer Liebe, die jenseits all dessen ist, was der Schüler je bei seinen verschiedenen persönlichen Beziehungen erfahren hat. Überflüssig zu sagen, daß dies ein Ereignis ist, über welches das Individuum keine Art von Entscheidungkraft oder Kontrolle hat. Man könnte gar sagen, daß es eine Frage der Bestimmung ist!

Es entspricht meiner Erfahrung, TQ, und meiner tiefsten Überzeugung, daß in der Abwesenheit dieses tiefen Gefühls von Liebe und Verehrung für den Guru kein wahres Erwachen möglich ist. Aus persönlicher Erfahrung würde ich sagen, daß, wenn das geschieht, der Schüler in eine Dimension vordringt, von deren Existenz er bislang nichts gewußt hatte: Er kann sich kaum zurückhalten; es gibt einfach nicht genug, was er für den Guru *tun* kann (egal, ob der Guru es benötigt oder nicht). Fast unausbleiblich mündet dieses überwältigende Gefühl in einer Flut von Tränen, denn dieses Gefühl ist die Erkenntnis, daß der Guru nicht vom Schüler getrennt ist, daß beide das SELBST sind, das gesucht wird! Mit anderen Worten: Es ist *keine* persönliche Erfahrung, so wie die Erfahrungen, die oft entstehen, und wie Du sie an Deinem letzten Tag auf Maui gemacht hast, als Du sagtest: »Als mein Herz vor Liebe zerbrach und die Tränen flossen.« Übrigens hätte dies eine Erfahrung gewesen sein können, die Dich als Rückwirkung von Sympathiegefühlen überkam, als Du die Transformation, die mit YS geschah, beobachtet hast. YSs Erwachen löse etliche Reaktionen von Sympathie aus – so wie andere zu weinen beginnen, wenn jemand untröstlich weint, oder andere auch anfangen zu lachen, wenn jemand überschwenglich lacht! Solch eine reflexive Reaktion – oder gar intellektuelles Verstehen, wie tief auch immer es zu dem Zeitpunkt zu gehen scheint – ist nicht von Dauer, danach kommen wieder tiefe Depressionen und Frustration. Ich habe *tatsächlich* tiefstes Mitgefühl für Dich.

Und man kann nichts weiter tun, als sich in die Arbeit stürzen und sich fernhalten von dem intellektuellen Streben nach spirituellem Verständnis – *ohne im mindesten das Beste zu erhoffen*. Ich weiß tatsächlich nicht, ob das Sinn für Dich macht.

Du erwähntest unser letztes Zusammensein in Bombay. Ich erinnere mich recht genau daran, denn ich verspürte großes Mitgefühl und Sympathie für Dich. Ich würde es eigentlich lieber nicht ansprechen, doch in Anbetracht Deines sehr emotionalen Briefes fühle ich mich gezwungen, das Folgende zu erwähnen: Ich hatte ein sehr bestimmtes Gefühl, darin versagt zu haben, bei Dir ein wirklich tiefes Gefühl von den LEHREN zu erzeugen, jenseits des nur intellektuellen Verstehens – die Liebe für die Lehren, die in der Phänomenalität als LIEBE für den Guru zum Ausdruck kommt, die sich selbst auf offensichtliche Weise zum Ausdruck bringen will.

Das war bei unserem letzten Treffen bei Dir nicht vorhanden. Es war so formell, wie zwei Bekannte, die sich auf Wiedersehen sagen. Es mag auch sein, daß Deine geerbte, scheue Natur verhindert, daß ein tiefes Gefühl durchdringen könnte. Und ich weiß, daß mich trotz meiner grundsätzlich scheuen Natur ein unglaubliches Gefühl von LIEBE durchfuhr, als ich Maharaj zum erstenmal an dem Morgen traf, und alle Zurückhaltung hinweg gefegt wurde. Da war nichts anderes als dieses enorme Gefühl, geben zu wollen – ungeachtet der Tatsache, ob Maharaj es benötigte oder nicht.

Die Briefe

Bitte glaube mir, TQ, daß ich all dies nur geschrieben habe – es brach ganz spontan hervor –, weil Dein Brief ein solch tiefes Mitgefühl in mir erzeugt hat.

Was auch immer in der Zukunft geschehen mag, nimm es lediglich als Zeuge wahr. Laß uns sehen, was geschieht.

Brief an KL

19. Dezember 1989

Es hat mich sehr gefreut, Deinen Brief vom 5. Dezember zu erhalten. Im Moment scheinen Briefe unglaublich lange zu brauchen, und so war es eine angenehme Überraschung, Deinen bereits nach elf Tagen zu erhalten.

Laß mich gleich zu Anfang bemerken, daß Du einen ungewöhnlich starken Eindruck auf mich gemacht hast, als wir uns im Oktober letzten Jahres in Santa Barbara trafen. Ich war von der Tiefe und Intensität der Ernsthaftigkeit beeindruckt. Ich empfand auch das gleiche Gefühl von Freude, als wir im letzten Oktober miteinander telefonierten.

Ich erwähne dies, denn mit jemandem auf dieser Ebene zu sprechen, ist das reine Vergnügen. Es gibt keinen Grund, irgend jemanden von irgend etwas zu überzeugen, auch wenn es bis zu einem gewissen Grad nötig ist, wenn die Bestimmung oder die Totalität gewisse Menschen zusammenbringt – das Sprechen und das Zuhören wird auf jeder Ebene zu einem Teil des Geschehens, welches selbst ein Teil des Ablaufs der Totalität in dem Augenblick ist.

In diesem Zusammenhang habe ich gesagt, daß ich glaube, meinem Gastgeber geholfen zu haben, indem ich kurz vor seinem Tod mit ihm sprach. Es war nicht die Frage, ob es einen Grund gab, ihm zu helfen, und genausowenig, ob es einen Grund gab, ihm nicht zu helfen. Wenn ich im Traum jemanden treffen würde, der hungrig ist, ich würde ihm zu essen geben, jemandem mit Kopfschmerzen würde ich eine Aspirin geben. Eine geträumte Person in einem Traum würde alles tun, um einer anderen geträumten Person in dem Traum zu helfen – als ein Teil des Traumes.

»Ist das Endergebnis nicht das gleiche?«, fragst Du.

Erleuchtende Briefe

Welches Endergebnis, mein lieber KL? Die gesamte Manifestation ist ein Traum, und egal worüber wir sprechen – dieses oder das nächste Leben, Gefangensein oder Befreiung, Leiden und seine Linderung (physisch, mental oder spirituell), was immer die Schriften sagen und die Heiligen ausführen –, es ist alles ein Teil dieses manifestierten Traumes und ist wahrlich nichts weiter als Konzeptualisierung. Selbst die Vorstellungen von *Samsara* oder *Moksha* oder der Leere von *Nirvana*, all das ist bis ins letzte Detail nichts weiter als Konzeptualisierung, die sich in der Stille des Seins auflöst und von dem der Tiefschlaf in der Phänomenalität nur eine schwache Reflektion ist, die selbst nur eine schemenhafte, dem Traum ähnliche Erscheinung ist. Wahrlich und wahrhaftig, kein Ding existiert, keine Sache, die mit den Sinnen wahrgenommen werden kann und mental vorstellbar ist. Es gibt nichts außer Bewußtsein, das sich im unmanifestierten Zustand seiner selbst nicht bewußt ist und sich seiner selbst bewußt wird mit dem ersten Gedanken oder Konzept von ICH BIN. Und selbst das ist falsch, denn es vermittelt den Eindruck, daß das Bewußtsein eine Sache ist: Der Verstand – der gespaltene Verstand des Menschen – kann sich niemals DAS vorstellen, was unvorstellbar ist.

Du weißt all dies, mein lieber KL. Und weil Du es weißt, geschieht das Erkennen, daß alle Gedanken und Konzepte wirklich völlig nutzlos sind. Sie selbst existieren in Wirklichkeit nicht und können sich nur auf etwas beziehen, das nicht existiert.

Nun kannst Du also verstehen, was Du bereits GEWUßT hast – daß all die Schriften, Traditionen und Weisheiten der Jnanis und Heiligen keine Substanz besitzen, außer als eine Aspirin für die Kopfschmerzen des *Samsara*. Maharaj pflegte zu sagen: »Es ist nichts weiter als ›Unterhaltung‹, wenn man die wahre Situation erkennt.« Wie Ramana Maharshi so richtig sagte:

»Es gibt keine Schöpfung, keine Auflösung,
Keinen Weg, kein Ziel,
Keine Bestimmung, keinen freien Willen.«

Du kannst all dies nur WISSEN in der Schönheit und Freude der STILLE.

Die Briefe

Vor dem Hintergrund dieses klaren Verständnisses laß mich als ein Teil der Unterhaltung auf die Punkte in Deinem Brief eingehen.

Dein Verstehen ist richtig: Die Persönlichkeit des zukünftigen Körpers kommt aus der Totalität des universellen Bewußtseins, welches eine Ansammlung all der »Wolken von Bildern und Vorstellungen« ist, die andauernd erschaffen werden. Diese gesamte Ansammlung wird unter den neuen Körpern verteilt, die, mit den gegebenen Charaktermerkmalen versehen, genau solche Handlungen erzeugen, wie sie für das Drehbuch des Göttlichen Spiels erforderlich sind. Kein Individuum hat als ein Individuum irgend etwas mit einem früheren Wesen[13] zu tun.

Was das »ICH« und das »Ich« anbelangt, gibt es vielleicht ein gewisses Mißverständnis. Wenn von dem ICH als der wahren Sache und dem »Ich« als dem Hochstapler die Rede ist, dann entsteht eventuell der falsche Eindruck, daß in jedem »Ich« ein wahres ICH steckt. Das ist nicht der Fall. Es gibt Milliarden von »Ich«, doch nur ein ICH – und selbst das ist nur ein Konzept! Was für ein Witz!!

Du hast auch mit dem absolut recht, was Du in bezug auf Deine Erfahrung auf dem Zahnarztstuhl gesagt hast. Der Verstand versucht das Verstehen einzupacken, um solche Weisheit zu erhalten und vor Widersprüchen und Vergessen zu bewahren, doch das stärkt lediglich das Ego! Wie wahr. Wenn mich jemand hier in Bombay besucht, nachdem er seine Hausaufgaben zu einem gewissen Grad gemacht hat, sehr von dem gemeinsamen Gespräch beeindruckt ist und mich beim Abschied fragt, was er tun soll, wenn er nach Hause zurückkehrt, dann sage ich ihm fast immer, daß er sich möglichst *nicht* an das erinnern soll, was er gehört hat, um dem Verstehen Zeit zu geben, ohne Einmischung des Intellekts tiefer vom Verstand zum Herzen einzusinken. Doch dann kommt die Antwort, daß er es vielleicht vergißt, und ich antworte darauf, daß dies genau das ist, was geschehen soll – das »Ich«, der gespaltene Verstand, muß sich tatsächlich selbst vergessen.

---

[13] Individualität (Anm. des Herausgebers).

Mir gefällt sehr gut, was Du über die Bienen und ihre Arbeits- und Lebensweise schreibst. Wie recht Du hast, wenn Du sagst: »Wir sind bis ins letzte Detail und in allen Handlungen vom Göttlichen Absoluten programmiert und begrenzt, genau wie die Bienen. Und wie wunderschön und phantastisch ist dieser programmierte Traum – wenn wir ihn sich nur so entwickeln lassen könnten, wie es die Bienen tun.« Amen!

All der sogenannte freie Wille und alle Entscheidungen sind lediglich eine Manifestation des »Ich«-Konzeptes. Doch wie könnte es sich jemals realisieren, solange Erleuchtung unter dem Zwang des »Ich«-Konzeptes gesucht wird? Erleuchtung kann nur die *unpersönliche* Konsequenz von Nicht-Handlung – weder Handlung noch Nicht-Handlung – sein, nur ein Teil des wunderschönen und phantastischen, programmierten Traumes.

Es war mir ein Vergnügen, Dir die Antworten auf Deinen Brief zu schicken. Ich kann nur sagen, daß Du mir weiterhin Briefe schreiben wirst, wenn Dir danach ist. Dann wird das ein Teil der Nicht-Handlung sein und genauso meine Antwort darauf.

Einen lieben Gruß zu Weihnachten und alles Gute für das nichtexistente Neue Jahr von einem Nichtexistierenden an einen anderen Nichtexistierenden.

Briefe an GH

2. Mai 1988

Ich habe Deinen sehr ehrlichen Brief vom 4. April 1988 erhalten.

Ich denke, daß ich Dir bei Deiner Suche helfen kann.

Offensichtlich kannst Du ohne Probleme nach Indien kommen, da Du keine Verpflichtungen und Verantwortungen hast. Du kannst das ruhig tun, viele Leute haben das während der letzten Jahre gemacht. Seit ich am 15. Dezember 1987 von meinem Aufenthalt in Kalifornien zurückkehrte, hatte ich einen Strom von westlichen Besuchern.

In der letzten Augustwoche werde ich wieder nach Amerika reisen. Bis dahin, denke ich, bin ich in Bombay. Du kannst gerne jederzeit kommen.

Die Briefe

Im Moment ist es sehr heiß in Bombay – 37°C/38°C – doch es wird etwas kühler, wenn der Regen beginnt, ungefähr Mitte Juni.
Laß mich bitte wissen, wie Du Dich entscheidest.
Freundliche Grüße und alles Gute.

24. Mai 1988

Ich habe gerade Deinen Brief vom 18. Mai erhalten, dem ich entnommen habe, daß Du am 16. Juni in Bombay ankommen wirst.
Ich weiß nicht, ob ich Dir geschrieben habe, daß Juni und Juli (bis in den August) in Bombay Regenzeit ist. Doch für unseren Zweck macht das natürlich nichts, wenn es regnet! Aber ich dachte, es sei besser, Dich darüber zu informieren.
Es ist nicht die Zeit für Touristen, doch mag es trotzdem sinnvoll sein, ein Zimmer zu reservieren, aber ich denke, das wird nicht schwierig sein.
Während der letzten vier Monate hatte ich einen Strom von Besuchern, und nur in der letzten Woche hatte ich sozusagen Urlaub!
Vom 27. März bis 10. April hatte ich eine Gruppe deutscher Besucher in Kovalam Beach (der südlichste Punkt Indiens). Es war eine sehr gute Gruppe, und sie hatten ihre Hausaufgaben sehr gut vorbereitet. Es war ein physisch anstrengendes Programm, doch ich war sehr froh, diese Gespräche mit ihnen zu führen. Sie genossen auch den Strand, die Sonne und das warme Meer sehr.
Es war auch für mich ein gutes Seminar!
Ich erwarte keine weiteren Besucher aus dem Ausland, wenn Du kommst. Wir können unsere Gespräche in aller Ruhe praktisch jeden Nachmittag haben.

3. August 1988

Vielen Dank für Deinen Brief zusammen mit der Beilage vom 25. Juli.
Die Niederschrift ist wirklich nicht schlecht. Selbstverständlich hätte sie, wie die meisten Dinge, besser sein können, doch selbst so, wie sie ist, von dem, was ich gelesen habe (nicht alles), scheint sie ganz in Ordnung zu sein – auf jeden Fall für Deinen Zweck.

Erleuchtende Briefe

Auch die Fotos sind gut. Ich hätte mir gewünscht, daß Du ein Foto von Dir beigelegt hättest. Die zwei Fotos von Deiner Stadt und dem See sind ausgezeichnet und zeigen, in welch schöner Umgebung Du lebst.

Deine Schokolade (im Kühlschrank) ist noch nicht zu Ende – sie muß für einige Zeit ausreichen! Wirklich ausgezeichnet.

Es sind nur noch zwei Wochen, bis Sharda und ich nach Frankfurt fliegen. Ich freue mich darauf, Dich wiederzusehen.

Mir geht es gut, und ich hoffe Dir auch.

5. Dezember 1988

Es hat mich sehr gefreut, Deinen Brief zu erhalten. Während der Gespräche in den USA habe ich mehrmals an Dich gedacht.

In den zwei Wochen, die Du in Bombay warst, hast Du meiner Meinung nach eine Menge, eine unglaubliche Menge dessen aufgenommen, was ich zu sagen hatte. Du warst für die Lehren bereits sehr empfänglich, sehr wenig Widerstand.

Somit war es gut, wie Du selbst festgestellt hast, daß Du mich in München nicht aufsuchen konntest!

In bezug auf Deine Fragen ist der wichtigste Punkt, die Frage zu stellen: WER WILL DAS WISSEN? So etwas wie ein persönliches Wesen gibt es nicht, und es ist lediglich der Verstand/Intellekt, der die Frage aufwirft. Es ist der Körper-Verstand-Mechanismus, der ein Objekt *erfahren will*, das man »Liebe« nennt. Doch es ist eine Tatsache, daß nichts außer dem Bewußtsein existiert, der Einheit, die selbst die LIEBE ist. Das Gefühl, sich selbst lieben zu wollen, bedeutet Dualismus: »jemand«, der jemand »anderen« lieben will. Dieser Wunsch kreiert den Dualismus und damit all das Elend. Tatsächlich ist es der Wunsch, Liebe zu erfahren, der die LIEBE verhindert. LIEBE existiert immer. Man braucht sie nicht zu suchen oder sie erfahren zu wollen.

Nur dieses Verständnis ist notwendig – keine »Taten« werden benötigt. »Wer« sollte die Taten ausführen? Solange es beabsichtigte, bewußte Handlungen gibt, solange gibt es ein »Ich«, und wo es ein »Ich« gibt, gibt es »andere«. Dieses Verstehen selbst ist das einzige, was notwendig ist. Man muß noch nicht einmal versu-

Die Briefe

chen, sich daran zu erinnern! Jegliche Bemühungen, sich an dieses Verstehen zu erinnern, sind ein Hindernis!!
Laß das Ganze in Ruhe, und das Verstehen wird auf seine *eigene Weise arbeiten*.
Wenn Dir danach ist – und wenn Du Dir die Reise leisten kannst –, bist Du bei mir willkommen. Versichere Dich nur, daß ich auch in Bombay bin.
Deine Handschrift ist recht lesbar, doch mit der Maschine wäre es vielleicht besser!
Du bist oft in meinen Gedanken.
In Liebe

22. Januar 1989

Es hat mich wirklich sehr gefreut, Deinen Brief zu erhalten. Es ist eine schöne Nachricht, und ich weiß Deine Gedanken und herzlichen Gefühle sehr zu schätzen.
Du sagst: »GH lebt das Leben eines Dummkopfes«, oder lebt er das Leben eines Weisen?! Wie auch immer, hat es irgend eine Bedeutung? Hat irgend etwas eine Bedeutung?
Schreibe, wann immer Du Dich danach fühlst.
Ich bin zur Zeit ziemlich beschäftigt – Korrespondenz und Besucher.
Wie Du weißt, war ich für drei Monate in Deutschland und in den USA. Es war ein sehr guter Urlaub – vielleicht der erste wirkliche Urlaub für Sharda, und es hat ihr sehr gut getan.
Für mich war es recht ermüdend, mehr als 60 Gespräche! Doch es war sehr gut.
Ich werde wie letztes Jahr ein Seminar in Kovalam Beach, in Südindien, für eine deutsch-amerikanische Gruppe von ca. 30 Teilnehmern geben.
Und so geht es weiter ...
Ganz liebe Grüße an Dich, mein lieber GH. Ein glückliches Neues Jahr!

25. Februar 1989

Ich habe Deinen Brief vom 13. Februar erhalten, und ich habe mich sehr darüber gefreut. Schreibe, wann immer Du Dich danach fühlst.

Wie gut Du die Lehren verstanden hast!
»Nichts hat irgendeine Bedeutung.«
Selbstverständlich wird das »Ich« physische Schmerzen und mentales Leiden erfahren – das ist ein Teil des Lebens. Doch lediglich Zeuge zu sein – was auch immer geschehen mag – das ist es, worum es beim Sterben geht. Geburt – Leben – Tod, das ist der Prozeß des Körper-Verstand-Mechanismus, und die Summe all dessen, was mit den Formen der Manifestation geschieht, ist der Ablauf des Bewußtseins innerhalb dessen dieser gesamte Traum geschieht – und was auch immer dabei geschieht, für wen könnte es eine Bedeutung haben?

Du hast absolut recht, wenn Du sagst: »Für den durchschnittlichen Menschen mag mein Standpunkt unmenschlich, abscheulich sein. Doch mir sagt mein Gefühl, daß es wirklich keine Bedeutung hat.«

Solange der Körper-Verstand-Mechanismus funktioniert, muß es gelegentlich auf die eine oder andere Art Leiden geben. Doch wenn man lediglich davon Zeuge ist, verschwindet es auch schnell wieder, und man ist belustigt darüber, daß es überhaupt entstanden ist!

Dein Gefühl stimmt, es gibt absolut nichts, vor dem man Angst zu haben braucht, und nichts, worüber man sich Sorgen machen könnte, und niemanden, der sich Sorgen macht.

Der letzte Absatz Deines Briefes ist *wirklich* wunderschön.

8. April 1989

Ich habe gerade Deinen Brief vom 3. April erhalten.

Ich kann mir Deine Sorgen und Ängste unter den von Dir beschriebenen Umständen gut vorstellen.

Dein Zustand ist Teil der Charaktermerkmale, mit denen Dein Organismus geboren und erschaffen wurde. Du als solches hattest nichts damit zu tun – Du hattest in dieser Angelegenheit keine Wahl. Und der Organismus kann nicht anders, als die Dinge entsprechend der angeborenen Charaktermerkmale geschehen zu lassen, was auch immer die Konsequenzen sein mögen: gut, schlecht oder indifferent.

Die Briefe

Mein Rat an Dich ist, in der Angelegenheit völlig »neutral« zu bleiben. Sei lediglich Zeuge der Situation, der Gefühle, die aufkommen, der mentalen Reaktionen. Fahre fort, Zeuge zu sein. Unternimm keine Aktivitäten auf die eine oder andere Weise. Was auch immer geschehen soll, wird geschehen.

8. November 1889

Bezüglich deiner Frage: »Gibt es überhaupt falsche Entscheidungen?« – Deine Schlußfolgerung ist richtig, doch solltest Du erkennen, daß die Frage selbst von einer falschen Voraussetzung ausgeht. Wie Du selbst gesagt hast: »Was auch immer geschieht und geschehen wird, ist genau das, was geschehen soll.« Das ist absolut richtig. Doch wo gibt es dann die Frage, ob irgendwelche »Entscheidungen« »falsch« sein könnten? Wessen Entscheidungen? – und falsch von wessen Standpunkt aus?!

Briefe an AB

14. Juni 1986

Vielen Dank für Deinen Brief vom 28. Mai und die Gefühle, die Du darin ausgedrückt hast.

Ich bin sehr froh, daß Dein Besuch bis zu einem gewissen Grad erfolgreich war.

Und es freut mich zu lesen, daß Du Ende Juli wieder in Bombay sein wirst. Du bist herzlich willkommen.

Es geschieht nichts, außer dem, was geschehen soll – die vermeintlichen Individuen sind lediglich Charaktere in dem Geschehnis – in jedem Geschehnis. Es gibt niemanden, dem die Verantwortung dafür zugeschrieben werden könnte, und niemanden, der darauf stolz sein könnte – genauso gibt es keine Frage von Schuldzuschreibung oder irgendeines Fehlverhaltens. Zu jedem gegebenen Zeitpunkt ist alles, was sich manifestiert hat, genau richtig. Wird das zutiefst verstanden, dann wird jeder Augenblick willkommen geheißen und, was immer dieser Moment auch bringt – »gut« oder »schlecht« –, wird ohne zu urteilen akzeptiert, ohne

Erleuchtende Briefe

Erwartung oder Angst. Es ist diese Haltung von Akzeptanz, die wahre Freiheit bedeutet, die Freiheit von Erwartungen und Begierden, die Freiheit von Angst und Spannungen. Wird dies zutiefst verstanden, dann kümmert man sich nicht darum, was geschieht, welche Gedanken erscheinen oder welche Ereignisse geschehen oder welche Gefühle auftauchen – es wird alles bezeugt.

Danke, daß Du sagst: »Ich liebe Dich.« Was Du *tatsächlich* meinst ist: »Ich liebe alles und jeden.« Du magst das vielleicht nicht gedacht haben, doch DAS IST SO. Es ist dieses Gefühl von LIEBE, *das aufsteigt*, welches das Universum zusammenhält – es ist ein spontanes Aufsteigen, völlig losgelöst von der »Anweisung«, Deinen Nächsten zu lieben. LIEBE wird nicht auf Bestellung geliefert!

Ich freue mich darauf, Dich wiederzusehen.

31. Juli 1986

Vielen Dank für Deinen Brief vom 11. Juli.

Es hat mich sehr gefreut zu erfahren, wie sehr Deine Entwicklung voranschreitet. Ich liebe Deine Intensität und Deinen Enthusiasmus.

Du wirst jedoch nach einiger Zeit feststellen, daß der Fortschritt in letzter Zeit, der Dich fasziniert und beflügelt hat, tatsächlich nur an der Oberfläche ist wie bewegte Wellen, während tief drinnen, an der Basis, das Bewußtsein immer in Frieden und Stabilität existierte. Dann wirst Du feststellen, daß all Deine Intensität und Dein Enthusiasmus, die nun an der Oberfläche und der Peripherie vorherrschen, sich im Zentrum, in der Mitte Deines Seins, niedergelassen haben. Tatsächlich wirst Du feststellen, daß Du der Friede und die Stabilität BIST und daß daher Worte wie »Liebe« und »Frieden« und »Mitgefühl« keine Bedeutung mehr haben. Mit anderen Worten: Es wird »Dich«, der Du Deinen spirituellen »Fortschritt« kritisch beobachtest und Dich selbst beglückwünschst, nicht mehr geben! Was übrig bleibt, ist die Welt als ein Traum, in dem AB als ein Darsteller »seine Rolle spielt«, so wie es die Totalität will – nur losgelöstes Gewahrsein oder Zeuge von all dem zu sein, was geschieht, ohne den Wunsch, es irgend-

wie zu verändern. Und dann wirst Du Dich vielleicht an diesen Brief erinnern und lachen!
Du wirst zum richtigen Zeitpunkt nach Bombay kommen, wenn es der Plan der Totalität so vorsieht.
Schreibe, wenn Dir danach ist.

3. Oktober 1986

Ich war hocherfreut, Deine beiden Briefe zu erhalten.
Was im Moment geschieht ist, daß Du die Urquelle der Energie – der Kraft – entdeckt hast; egal welchen Namen man ihr gibt, das Wort BEWUßTSEIN faßt sie alle zusammen. Wenn das »Ich« diese Kraft verdeckt oder überlagert (und auch das ist eine Funktion der Totalität, die nicht »verworfen«, sondern lediglich verstanden und »akzeptiert« werden sollte), dann erscheint sie zum richtigen Zeitpunkt in ihrem eigentlichen Glanz in der Form von »Zeugesein«. Wenn sie zum erstenmal auftaucht, dann scheint sie wie ein Wunder – ein unbezahlbares Geschenk vom Guru – und »Du« bist davon so überwältigt und gerührt, daß Du tatsächlich nicht weißt, was Du tun sollst. Du möchtest es der ganzen Welt erzählen, doch Du weißt, daß es niemand verstehen wird. Dann schreibst Du darüber an jemanden wie mich, und ich verstehe es und bin glücklich für Dich.
Doch recht bald legt sich diese Aufregung, dieser Enthusiasmus, dieses Übersprudeln, wenn das Zeugesein kontinuierlich wird. Jedoch fühlst »Du« Dich dem Guru gegenüber so dankbar, daß Du Dir wünschst, etwas Greifbares tun zu können, worüber er sich freut. Der Guru akzeptiert das (wenn er es tut) in dem gleichen Kontext. Doch selbst dies verschwindet irgendwann, wenn das »Ich« und der »Guru« beide so sehr in den Hintergrund rücken, daß es keinen Unterschied mehr zwischen dem Guru und dem Schüler gibt aus dem ganz einfachen Grund, weil es keinen Unterschied GIBT: Beide sind ein objektiver Ausdruck der gleichen, einen Subjektivität. Und trotzdem wird, solange es einen Körper-Verstand gibt, weiterhin ein »Gefühl« von intensiver, intimer Freundschaft wie ein guter Geist zwischen dem Guru und dem Schüler fortbestehen.

Erleuchtende Briefe

17. Oktober 1986

Ich weiß nicht, ob ich es erwähnt habe, doch ich habe das recht deutliche Gefühl, daß diejenigen, die 1983 und 1984 zu mir kamen, »Anfänger« waren, und diejenigen, die in letzter Zeit gekommen sind, so wie Du und TW, viel »fortgeschrittener« und wesentlich reifer und empfänglicher für die Lehren sind. Daher bin ich äußerst erfreut, Deinem Brief zu entnehmen, was für »Fortschritte« Du machst. Die Gedanken über eine Beschleunigung des Fortschrittes sollten lediglich bezeugt werden. Du *weißt*, daß positive Anstrengungen nur ein Hindernis sein können. Daher nimm den Eifer und Enthusiasmus nur als Zeuge wahr. Genauso wenn Zweifel auftauchen, sei lediglich ihr Zeuge – »Du« bist nicht die Gedanken oder der Verstand. Sehr bald wirst Du feststellen, daß beides, der Enthusiasmus und die Zweifel, weniger und weniger werden, und Dein »spiritueller Puls« wird im Einklang mit dem universellen Puls schlagen. Du wirst das Einssein von allem fühlen, und Du wirst *verstehen*, daß die Zweifel nicht zu Dir gehören, und dann werden sie sich auflösen. Danach wirst Du Dich dann wundern, wozu all die Aufregung gut war!

2. Februar 1987

Ein starkes Gefühl von Befriedigung entsteht, wenn ich Deinen Brief lese. Deine Ernsthaftigkeit zeigt sich sehr deutlich in den Zeilen. Das ist gut so, sehr gut. Vergiß den Fortschritt als solchen, und laß das Zeugesein geschehen, entspanntes Wahrnehmen des Schauspiels der Eskapaden des Verstandes, ohne zu urteilen, ohne es verändern zu wollen.

23. Juni 1987

Dein Brief vom 18. Juni kam heute morgen an. Das ging ja recht schnell.

Ich bin froh, daß Du Deine Briefe so detailliert schreibst. Es vermittelt mir einen guten Einblick in die Fortschritte, die Du machst. Seltsamerweise erschien vor zwei Tagen ein Gedanke, den ich aufgeschrieben habe:

Die Briefe

»An der Oberfläche des Verstandes mag es ein gewisses Flattern geben, doch wenn in der Tiefe Stille herrscht, dann hat es minimale Konsequenzen. Wird das Flattern jemals verschwinden? Vielleicht ja, doch der entscheidende Punkt ist, daß die Gedanken, die Sorgen über die Störungen oder Bewegungen selbst verschwinden werden, wenn in der Tiefe Stille herrscht.«

Du hast ein Stadium erreicht, wo Du ignorieren solltest, was Du im Moment als Verwicklung erachtest. Verstrickung muß es geben, wenn Du an den Geschehnissen im Leben teilnimmst. Bedenke, daß der Versuch, die Verwicklung *zu vermeiden*, selbst die Art von Verwicklung ist, die verschwinden soll und wird. Das scheint widersprüchlich, doch *Du wirst es verstehen*. Wie kannst Du gute Arbeit leisten, wenn Du in dem Moment nicht *völlig* involviert wärest. Was involviert ist – und involviert sein soll – ist der Körper-Verstand-Mechanismus. Du, der Du Zeuge der Verwicklung sein kannst, bist einwandfrei nicht der Handelnde. Hab also keine Angst davor, »verwickelt« zu sein. Tief im Inneren weißt Du, daß Du nicht verwickelt bist, denn »Du« bist der Zeuge der Verwicklung. Wie könnte Arbeit zur Andacht werden, wenn kein totales Verwickeltsein stattfindet? JEDOCH bist nicht DU verwickelt.

11. Juli 1988

Ich war sehr erfreut über Deinen Brief vom 4. Juli, der am 8. Juli ankam! Ich bin nun bereit, das »ziemlich« zu streichen (im Zusammenhang mit: »ziemlich« gutes Verstehen)!

Was Du nun benötigst, ist nur einen kleinen Schubs, um Dich von den Klippen des »Ich« zu stoßen.

Worte können nie das Verstehen vermitteln, denn sie *sind* im Bereich der Phänomenalität: Sie können nur dazu dienen, das essentielle Wissen wiederzuerwecken (das bereits vorhanden ist), um ins Bewußtsein aufzusteigen und dort zu bleiben – und dann werden Worte so unnütz wie verbrannte Asche.

Was Du in Deinem Brief gesagt hast, ist wahr: Es ist sinnlos, über Konflikte oder Begierden oder Leiden zu sprechen – es läuft alles darauf hinaus, zu akzeptieren, was IST. Das Entscheidende, der Kern des Problems ist, daß immer noch ein »Ich« existiert, das akzeptiert, was IST. Solange das »Ich« glaubt, daß es verstehen und akzeptieren muß, ist es keine Akzeptanz als solche – es ist nur ein objektives Verstehen, genau die Art von Verstehen, die abfallen muß (nicht beseitigt werden muß!). Das ist der Grund, warum Du Dich »immer noch im Netz der Dualität gefangen fühlst, was ganz sicherlich nicht die volle Freiheit bedeutet«.

Verstehe bitte, daß die Phase, in der Du Dich befindest, eine notwendige Phase ist: »Es gibt keine Erinnerung, auf die sich dieser Zustand beziehen könnte (die Dinge sind in Ordnung wie sie sind – kein Widerstand), und daher kann ich nur feststellen: *Ich weiß nicht, was vor sich geht.*« Das ist genau der springende Punkt, mein lieber AB: Du *kannst* es nicht wissen. Darum laß los: Es macht keinen Sinn, sich darüber Gedanken zu machen, »wo sich dieser AB auf der evolutionären Leiter befindet«. Genau dies sind die letzten Mauern des Kerkers, und diese Mauern werden zerstört durch das *Erfassen*, eine Überzeugung jenseits aller Zweifel (die kommen muß und kommen wird), daß AB der einzige Grund ist für alles, was Du denkst und alles, was Du tust, und *ES GIBT EINFACH KEINEN AB*, nicht im mindesten. Dieses Verstehen ist ein unpersönliches Verstehen (kein intellektuelles Begreifen), denn es basiert grundsätzlich auf der *Abwesenheit von AB*, der absoluten Abwesenheit eines jeglichen Wesens, das möglicherweise erleuchtet werden will, und das sich im Netz der Dualität gefangen fühlte und das nicht mehr denkt: »Wie sehr sich die Welt in meiner Wahrnehmung verändert hat«. Alles Denken, alles Tun wird nicht mehr darauf basieren, was AB will (denn AB wird sich aufgelöst haben), sondern wird völlig spontan und natürlich sein, denn solches Denken und Tun wird nicht mehr in einem illusionären Wesen verankert sein, das bislang als AB bezeichnet wurde. Von all diesem Denken und Tun wird ein geträumter Darsteller, namens AB, »beeinflußt« werden, doch dies in genau der gleichen Weise, wie alle anderen geträumten Darsteller in diesen geträumten Handlungen in dem geträumten Leben beeinflußt werden. Was auch immer von diesen geträumten Darstellern gedacht oder getan wird, den Darsteller »AB« miteingeschlossen,

Die Briefe

wird bezeugt werden – und da ein solches Zeugesein unpersönlicher Natur ist, schließt es jegliches Vergleichen und Urteilen aus. Sollte zu Anfang noch ein wenig Vergleichen oder Urteilen geschehen, dann wird auch das bezeugt, ohne zu urteilen oder zu vergleichen.

Briefe an OP

18. Januar 1988

Vielen Dank für Deinen Brief vom 7. Januar. Wenn man bedenkt, daß Du nicht wußtest, was Du schreiben sollst, und daß Du selten Briefe schreibst, war es eine ausgezeichnete Niederschrift, die ich sehr genossen habe.

Du hast absolut recht, wenn Du sagst, daß sich die meisten Fragen, die auftauchen, von alleine auflösen und auch keine ernsthaften Reaktionen erzeugen. Äußerst selten hat eine Frage eine solche Brisanz, daß sie eine ernsthaftere Auseinandersetzung erfordern würde. Sollte dies der Fall sein, dann hoffe ich, daß Du nicht zögerst, mir zu schreiben.

Manchmal ist es recht sinnvoll, einen Brief zu beginnen, wenn Du Dich danach fühlst, und ganz bewußt laut zu denken.

27. April 1988

Kurz nachdem wir am 20. dieses Monats von Bangalore zurückkamen, erreichte uns Dein Brief. Sharda und ich waren am 27. März nach Kovalam Beach in Südindien geflogen, und die Gespräche mit einer Gruppe von Deutschen begannen am nächsten Tag und endeten am 8. April. Sharda flog am 5. April nach Bangalore und ich am 12. April, um dort einige Tage mit unserer Tochter zu verbringen. Am 20. April kehrten wir nach Bombay zurück. Es war für uns beide ein sehr schöner Urlaub.

Das Rockholm Hotel liegt direkt am Strand, und die meisten Zimmer gehen zum Meer hinaus. FR hatte das gesamte kleine Hotel angemietet und dort die ganze Gruppe von 35 Teilnehmern, einschließlich zwei jungen Amerikanerinnen, die auch an den Ge-

Erleuchtende Briefe

sprächen in Kalifornien teilgenommen hatten, untergebracht. Für mich war es eine interessante Erfahrung, für zwölf Tage mit einer ethnischen Gruppe zu sein und deren Reaktionen zu erfahren. Mir war bewußt, daß es insofern eine homogene Gruppe war, als daß sie von einem Mann, namens BL, angeführt wurde (der auch zugegen war), der ein Psychotherapeut und eine Art Heiler ist. Dementsprechend hatten alle ein gewisses Basiswissen von dem, worüber ich zu sprechen beabsichtigte. In gewisser Weise war ich mir sicher, daß es eine »erfolgreiche« Gesprächsreihe sein würde. FR selbst hatte gewisse Zweifel, denn der durchschnittliche Deutsche innerhalb der Gruppe – der normale, erfolgreiche Deutsche – ist strebsam und auf ein »Ziel gerichtet« – und hätte somit logischerweise einen grundsätzlichen Widerstand gegen den Gedanken einer passiven Akzeptanz für den Ablauf der Natur nach einer Natürlichen Ordnung oder nach einem Göttlichen Plan. Er hatte insofern recht, als daß man zu Beginn »die Luft mit dem Messer zerschneiden konnte«. Diese Atmosphäre verbesserte sich natürlich auch nicht, als mich gleich zu Beginn irgend etwas veranlaßte zu sagen, daß ich mir sehr wohl der »leistungsorientierten« Natur des durchschnittlichen Deutschen bewußt sei und ich auch wüßte, was sie hören wollten, doch daß ich nicht hier sei, um ihre Wünsche und Bedürfnisse zu erfüllen. Ich sagte, daß das, was ich darzulegen hätte, Ihnen zu Beginn völlig unannehmbar erscheinen mag, doch in ihrem eigenen Interesse bat ich sie darum, mir mit einem offenen Verstand zuzuhören und mir ihre ungeteilte Aufmerksamkeit zu schenken – anstatt ihren Verstand zu verschließen und mir und sich selbst keine Chance zu geben. Gleichzeitig versprach ich Ihnen, daß sie, wenn sie bereit seien, mir mit einem offenen Verstand zuzuhören, etwas völlig Neues und wirklich Unbezahlbares empfangen würden. Die augenblickliche Reaktion war eine Mischung aus Schock, Ablehnung, Hoffnung und Gier! Doch von dem Moment an war die Aufmerksamkeit total und konzentriert, Fragen – intelligente Fragen –, eine nach der anderen, in schnellem Wechsel.

Auf meine Empfehlung hin hatte FR ein ziemlich großes Schild anfertigen lassen und für die Gespräche direkt hinter meinem Stuhl angebracht. Darauf stand geschrieben:

Die Briefe

»Die Gesamtheit der Manifestation ist eine Erscheinung im Bewußtsein, genau wie ein Traum. Ihr Ablauf ist ein *unpersönlicher*, sich selbst erzeugender Prozeß innerhalb der Phänomenalität. Die Milliarden von Geisteswesen sind lediglich die geträumten Instrumente (geträumte Charaktere ohne jeglichen freien Willen), durch die dieser unpersönliche Prozeß abläuft. Das klare Erfassen dieser Wahrheit bedeutet die Unerheblichkeit des individuellen Menschen als ein Suchender und somit ERLEUCHTUNG.«

Ab dem dritten Tag lag ein äußerst zufriedenes Lächeln auf FRs Gesicht, als er erkannte, welch unglaublichen Eindruck die WAHRHEIT nicht nur auf die Gruppe, sondern noch wichtiger: auf BL selbst und seine sehr intelligente Frau (und fähige Assistentin) SE gemacht hatte. Es war sehr befriedigend zu sehen, wie die Mitglieder der Gruppe sich um die Frontsitze bemühten: Es war beinahe peinlich zu sehen, daß fast die gesamte Gruppe eine halbe Stunde vor der angesetzten Zeit versammelt war.

Es waren äußerst anstrengende Arbeitstage für mich – zwei bis zweieinhalb Stunden am Morgen, am Nachmitag drei Stunden für vier persönliche Gespräche und ein bis eineinhalb Stunden nach dem Abendessen. Doch die Hingabe der Gruppe machte es zu einem sehr befriedigendem Seminar.

Ich muß sagen, daß die Gruppe eine sehr angenehme Zeit verbrachte und viel Freude hatte. Ich wußte es nicht, doch anscheinend ist das Meer in Kalifornien und Europa meistens recht kalt, und nur die Mutigeren trauen sich zum Baden ins Wasser. Das Meer in Kovalam Beach war schön warm, und Sharda und ich konnten vom Balkon unseres Zimmers die Gruppe am Strand und im Meer ab sieben Uhr früh bis spät abends dabei beobachten, wie sie die Umgebung nutzten, auch wenn es recht heiß war mit Temperaturen bis 33 °C.

Die Gruppenmitglieder wollten zu Weihnachten ein weiteres Seminar organisieren, doch das Hotel war bereits von einer anderen Gruppe gebucht worden.

Als das Seminar zu Ende ging, blieb nicht der mindeste Widerstand, was die Gruppe als Ganzes betraf.

Erleuchtende Briefe

Die Tatsache, daß man in fünf bis sechs Fällen eine tiefe Transformation beobachten konnte, machte einen solch starken Eindruck auf die gesamte Gruppe, daß sich verschiedene Teilnehmer gleich wieder anmeldeten, falls FR nochmals ein ähnliches Seminar organisieren würde.

19. Mai 1990

Sharda und ich haben öfters an Dich und YG gedacht, als Du Dir vielleicht vorstellen kannst.

Seit Beginn des Jahres hielt mich eine Welle von Besuchern aus Europa und den USA beschäftigt – keine Flut, doch genug, um mich ganz in Anspruch zu nehmen!

Zu Ostern fand wie üblich das Seminar in Kovalam Beach statt. Dieses Mal bestand die Gruppe zu fast gleichen Teilen aus Amerikanern und Deutschen – und einem Australier! Es war wirklich eine ausgezeichnete Gruppe, und das Seminar war in jeder Beziehung befriedigend, wenn auch recht anstrengend, da es eine geschlossene Gruppe war, die im gleichen Hotel zusammenlebte: 25 Gruppengespräche und 25 Einzelgespräche in 12 bis 13 Tagen.

Vor kurzem fiel mir wieder *A Duet Of One* in die Hände, und wieder war ich von der Kürze und Klarheit der Lehren in den vier Versen des vierten Kapitels der *Ashtavakra Gita* begeistert:

»Die Sklaverei beginnt,
Wenn der Verstand begehrt
Oder sich grämt,
Glücklich ist oder verärgert.«

»Die Sklaverei endet,
Wenn der Verstand
Nicht begehrt oder sich grämt,
Nicht akzeptiert oder ablehnt,
Nicht glücklich ist,
Nicht verärgert ist.«

»Aus der Abhängigkeit des Verstandes
Von den Objekten der Begierde

Die Briefe

Werden die Ketten geschmiedet.
Die Loslösung des Verstandes
Von den Objekten der Begierde
Sprengt die Ketten.«

»Wo das Ego auftaucht,
Werden Gefängnisse gebaut.
Ohne Ego bleibt nur Freiheit.
Dieses Verständnis
Öffnet dem Weisen Herz und Tür
Für alles, was das Leben bringt,
Ohne es anzunehmen,
Ohne es abzulehnen.«

Liebe Grüße und unsere besten Wünsche für Euch beide, mein lieber OP.

6. Dezember 1990

Worauf ich gewartet habe – ich muß zugeben mit einer gewissen Ungeduld –, ist geschehen.
Ich habe Deine Briefe vom 2. und vom 23. November erhalten.
Es ist, wie Du gesagt hast, nach viereinhalb Jahren geschehen!
Wie es geschieht, ist nie wirklich erklärt worden, und die Basis des Verstehens ist, daß es niemanden gibt, der eine Erklärung sucht – außer dem »Jemandem«, der immer noch darauf wartet, daß »es« geschieht! Doch es ist eine Tatsache, daß die Präsenz des Gurus – tatsächlich oder symbolisch – recht entscheidend helfen kann, daß es geschieht. Das ist auch der Grund dafür, daß die östlichen Lehren der Guru-Schüler-Beziehung solch enorme Wichtigkeit beimessen, was der durchschnittliche Westler nicht verstehen kann oder zu schätzen weiß – bis mit ihm etwas Entscheidendes geschieht. Doch selbst dann kann er es kaum glauben: Er will seiner eigenen Erfahrung nicht trauen, denn all seine Erziehung sagt ihm, daß dies eine mentale Verirrung ist, reiner Aberglaube, eine Falle. Andererseits wird der unvorsichtige Schüler im Osten aufgrund seiner entgegengesetzten Konditionierung tatsächlich leicht einem

falschen Guru in die »Falle« gehen. Die Frage ist dann normalerweise: »Was kann man da machen?« – und die Antwort ist: »Wer sollte was tun?« Was auch immer geschieht ist ein Teil des Ablaufs der Totalität: Die Suche selbst ist ein Teil davon – der erste Anfang, der verschlungene Weg durch eine Menge »Mißerfolge« und Frustrationen und schließlich das lächerliche Ereignis, das in völliger Freiheit und Gelächter gipfelt! Wie kann ich zu jemandem darüber sprechen, der sich noch in dem »Prozeß« befindet? Das ist der Grund, warum ich ein unbeschreibliches Gefühl von Befriedigung erfahre, wenn dieses Ereignis geschieht:

»Mein Gott, wie simpel. Grundsätzliches Advaita. Ich wußte es von Anfang an, und gleichzeitig ›wußte‹ ich es bis gestern nicht.«

Das ist es!

Der Verstand wird vielleicht fragen: Kann dies »Erleuchtung« sein? Und das Herz wird antworten: Wen kümmert es schon?!

Nun kennst auch Du die LIEBE – nicht was Liebe ist, sondern LIEBE ZU SEIN.

Nun werden Dich keine Zweifel mehr plagen. »Du« als Zeuge wirst den allmählichen Prozeß von Erleuchtung zur Befreiung wahrnehmen – so, wie ich es getan habe.

Zu guter Letzt bleibt nur die Tatsache, daß es nichts gibt außer Bewußtsein – und darin enthalten den Traum in dem »wir« alle geträumte Darsteller sind.

Wer könnte irgendwelche Fragen stellen?
Wer könnte Zweifel haben?
ICH BIN.

10. Dezember 1990

Deine wundervollen Briefe vom 2. und 23. November waren der Hauptgrund für meinen Brief, den ich Dir letzte Woche geschrieben habe.

Deine wunderbare Transformation ist recht oft in meinen Gedanken, und es erinnert mich an die ekstatischen Erfahrungen, von denen Janaka in der *Ashtavakra Gita* berichtet, wenn auch selbstverständlich nicht auf solch poetische Weise wie der Weise Ashtavakra. Doch ist andererseits der spontane, ernsthafte Ausdruck des Herzens der Poesie sehr nahe!

Die Briefe

Nochmals meinen herzlichen Glückwunsch – Du hast mich wirklich sehr glücklich gemacht, mein lieber OP, und das gleicht all das Mitgefühl aus, das ich in den Jahren Deiner anhaltenden Frustrationen für Dich empfunden habe. Trotzdem wußte ich, daß Du niemals weit von dem Erkennen entfernt warst, daß Du es immer gewußt hast!

20. Dezember 1990

Ich habe heute Deinen Brief erhalten, den Du am 1. Dezember angefangen hast und der am 7. Dezember endet.

Er füllte meine Augen mit Tränen und erinnerte mich an das Ereignis vor fast zehn Jahren, als Maharaj eines Morgens nach den Gesprächen mit mir alleine war. Irgendwann sagte er, daß er sich nicht wohl fühle und nicht aus dem Haus gehen wolle. Er legte plötzlich seine Hände auf meine Schultern, schaute mir in die Augen und sagte: »Das Wissen, daß zumindest in einem Fall völliges Verstehen geschehen ist, gibt mir die absolute Erfüllung in meinem Leben.«

Das kam völlig unerwartet, und ich hatte immer den Eindruck, daß es andere vor mir gegeben haben muß. Meine Verwunderung muß auf meinem Gesicht zu lesen gewesen sein, als ich ihn anschaute. Er lachte und fügte hinzu: »Na ja, vielleicht in ein oder zwei anderen Fällen, doch … «

Ich möchte nochmals auf Deinen Brief vom 1. bis 7. Dezember zurückkommen, doch diesmal, um Dir zu schreiben, daß in der Woge dieses tiefsten Verstehens plötzlich ein Lichtstrahl auf einige Ereignisse in den letzten 10 oder 20 Jahren fallen mag und somit einige Aspekte der *Sadhanas* erhellt. Ich weiß, daß Du wahrscheinlich sagen wirst: »Es ist absolut bedeutungslos!«, doch solltest Du Dich danach fühlen, sie niederzuschreiben, dann tue das bitte – ich würde gerne davon hören. Der Wert dessen läge in der Spontaneität dieser Gedanken. Laß Janaka nicht seinen Erguß unterdrücken!

Ich habe Deinen Brief mehrmals gelesen – es ist wie eine Erinnerung an meine eigenen Erfahrungen, doch hatte ich nicht die Möglichkeit, sie mit Maharaj zu teilen. Es wäre unangebracht ge-

Erleuchtende Briefe

wesen, dies in der Anwesenheit von anderen zu tun, und ich hatte später, soweit ich mich erinnere, keine Gelegenheit, mit ihm allein zu sein. Wie auch immer, sein Gesundheitszustand verschlechterte sich danach rapide. Es schien fast so, als ob er tatsächlich darauf gewartet hätte, daß die »Erfüllung« geschieht!

Ich wurde bislang das Gefühl nicht los, daß Deine Realisierung viel früher hätte geschehen sollen, doch nun erkenne ich, daß die Konditionierung, die durchschnitten werden mußte, wesentlich tiefer ging – zuviel Wissenschaft, zu viele Bücher, zuviel Intellekt!

Egal, es ist geschehen – nun, da es HIER und JETZT ist – kann sich das ICH mit sich selbst unterhalten. Der Sadguru kann seine eigene Gesellschaft genießen! Bleibe in Verbindung – wenn Du Dich danach fühlen solltest!!

Erwarte KEINE exakte Antwort auf all Deine Briefe, es ist nicht mehr nötig! Vergiß bitte nicht, daß ich immer bei Dir bin, unabhängig von Zeit und Raum.

18. August 1992

Es ist immer ein sehr erfreuliches Ereignis, von Dir zu hören.

Sharda und ich erinnern sich immer mit großer Zuneigung und Liebe an Deine Mutter, als wir sie 1988 besuchten, und ich erinnere mich an ihre bewegenden Worte, als wir uns verabschiedeten: »Nun weiß ich, daß mein Sohn in guten Händen ist!« Es war eine spontane Voraussicht von Dir, ihr während ihrer Krankheit das Jesus-Mantra zu geben. Welche Inspiration! Sie sagte, daß Gottes Wille für sie absolut in Ordnung sei – das ist Wahres Vertrauen.

HH aus New York, eine sehr nette, alte Dame, recht krank, um die 70, steht mit mir in Kontakt, seit sie 1990 einem der Seminare beigewohnt hatte. Sie kann nur gelegentlich schreiben, und in ihrem letzten Brief schrieb sie, daß es in der Bibel einen Satz gibt: »Aus dir selbst heraus kannst du nichts tun.« Das ist es, mehr braucht es nicht. Trotz ihres Alters und ihrer Gebrechlichkeit und schmerzhaften Krankheit ist sie eine erstaunlich fröhliche Frau. Der Schmerz treibt sie oft zu Weinkrämpfen, doch diese enden so schnell, daß es sie selbst verwundert. Sie hatte einen Ashram in Indien besucht, als sie Ende 30 war, und hatte einige recht schmerz-

Die Briefe

volle Erfahrungen in ihrem Leben. Sie sagt, daß es sie verwundert, wie frei, simpel und natürlich die Lehre des Advaita ist. Sie saß gewöhnlich in der ersten Reihe, ihr Gesicht verzerrt von Schmerzen und Zweifeln, doch recht bald, wenn die Gespräche fortschritten, war mit Freude zu beobachten, daß das alte Gesicht sich entspannte und ein süßes Lächeln erschien.

21. Oktober 1992

Ich habe Deinen Brief vom 6. Oktober erhalten.

Ich kann Dir gar nicht wiedergeben, welch immenses Mitgefühl und welche Bewunderung mich überkam, als ich Deinen Brief las. In gewisser Weise geschieht die »Befreiung« ununterbrochen, und es gibt ganz gewiß ein sehr klares Gefühl, wenn man Zeuge von all dem ist, ohne, wie Du ganz richtig festgestellt hast, Depressionen, Entmutigung oder Schuld. Wie wahr. Die »generelle Müdigkeit« und ein Gefühl von »allumfassender Taubheit« ist sicherlich ein physischer Zustand.

In bezug auf *Sat-chit-ananda* würde ich zwei Dinge anmerken: Erstens, daß der *Ananda*-Aspekt, wie ich vermute, verbunden ist mit einer der Hingabe entspringenden Ekstase einer Gott-süchtigen Seele (ich finde kein besseres Wort!), wie zum Beispiel Ramakrishna. Ansonsten hat es mehr die Natur eines sehr tiefen Gefühls von FRIEDEN, anstatt der Ekstase. Der andere Punkt ist: Auch wenn es ein klassischer Ausdruck für den Zustand von Erleuchtung ist, so vermute ich auch hier, daß es für viele Suchende zu einem unnötigen Gefühl von Erwartung geführt hat. Vor längerer Zeit habe ich es spontan völlig außer acht gelassen. Der Zustand, den das Wort Ekstase vorgibt zu beschreiben, benötigt keine Beschreibung. Wenn ich überhaupt etwas aus meiner eigenen Erfahrung darüber sagen sollte, dann würde es bei dem Wort »FRIEDEN« enden. Ich würde es nicht in drei Teile aufteilen!

Mein Herz fühlt mit Dir in Deinem momentanen Zustand. Ich hoffe, Du fühlst meine Präsenz.

Erleuchtende Briefe

Briefe an IJ

2. Juli 1989

Es hat mich gefreut, Deinen Brief vom 22. Juni zu erhalten. Ich erinnere mich sehr wohl an Dich, Du bist der Wissenschaftler. Ich erinnere mich daran, wie Du den Gesprächen sehr konzentriert zugehört hast.

Es hat mich auf jeden Fall sehr gefreut, daß Dir *Immortality* gefällt. In gewisser Weise ist dieses Buch zum Maßstab für die Reife des Suchenden geworden. Nicht sehr viele fühlen sich wirklich von dem Buch angesprochen. Wenn Dir *Immortality* gefallen hat, dann bin ich sicher, daß Dir wahrscheinlich ein neues Buch noch besser gefällt, das Advaita Press bald herausbringt, vielleicht schon Ende August. Der Titel lautet *A Duet Of One*. Es handelt von dem Dialog zwischen einem außerordentlich »reifen« Suchenden, König Janaka, und seinem Teenager-Guru Ashtavakra. Es ist mein Lieblingsbuch. LL von Advaita Press war sehr beeindruckt, als er es zum erstenmal las, und der brillante Titel ist seine Idee und Inspiration.

Vielen Dank für die Kopie des Auszugs aus Joseph Campbells Buch. Es entspricht tatsächlich meiner eigenen stärksten Überzeugung.

Wenn Dir *Immortality* so gut gefallen hat, dann gibt es keine Zweifel, daß Du auf dem Weg zu der nötigen Überzeugung von den Lehren bist. Sei nur nicht in Eile. Wer könnte in Eile sein? Es gibt nur eines zu tun – nur eines KANN getan werden: sich dessen gewahr zu sein, was geschieht.

Dies ist der springende Punkt bei FXs Versuch zu leben, »als ob« er erleuchtet sei. Es ist nicht leicht, von der ständigen Frage loszukommen: »Ich habe das verstanden, doch was soll ich jetzt tun?!« Die Antwort ist: Tue, was auch immer Dir in den Sinn kommt – lebe, als ob Du erleuchtet wärest. Dann kommt plötzlich von allein die Antwort, daß das Leben genau so abläuft, wie es soll, ungeachtet dessen, was das illusionäre Individuum denkt, daß »es« tut!!

Wie vollständig Schopenhauer das Geheimnis verstanden hat – eine intuitive Bestätigung der intellektuellen Schlußfolgerung.

Du hast mich bereits als Deinen Lehrer angenommen und somit ist es überflüssig, Dich als meinen Schüler zu akzeptieren! Willkommen in dem »kleinen« Kreis derer, dessen Interesse an Advaita tiefer geht als die intellektuelle Oberfläche.

Der innere Sadguru hat es vollbracht – das INNERE *ist* der Sadguru, das EINE, das den Lehrer und den Schüler als ein einziges Ereignis zusammenbringt.

15. Mai 1990

Ich bin nicht im mindesten überrascht, daß die Lehren allmählich zu einem vertrauten Teil des täglichen Lebens werden. Das macht das Leben so wesentlich einfacher, ohne die persönliche Verantwortung, es zu gestalten! Das Leben ist tatsächlich sehr einfach, wenn wir es nicht bekämpfen, wenn wir einfach mit dem Strom schwimmen. Dann werden wir das Leben, dann sind wir der Strom:

»Die Sklaverei beginnt,
Wenn der *Verstand* begehrt
Oder sich grämt,
Glücklich ist oder verärgert.«

»Die Sklaverei endet,
Wenn der Verstand
Nicht begehrt oder sich grämt,
Nicht akzeptiert oder ablehnt,
Nicht glücklich ist,
Nicht verärgert ist.«

»Aus der Abhängigkeit des Verstandes
Von den Objekten der Begierde
Werden die Ketten geschmiedet.
Die Loslösung des Verstandes
Von den Objekten der Begierde
Sprengt die Ketten.«

Mit anderen Worten: Wenn das »Ich« zugegen ist, bedeutet das Gefangensein; ist das »Ich« nicht zugegen, bedeutet das Befreiung. Es ist nur das »Ich«, das sich von etwas begrenzt fühlt und Befreiung davon sucht. Warum sich darum kümmern?

Erleuchtende Briefe

13. Juni 1991

Vielen Dank für Deinen Brief vom 6. Mai. Ich habe ihn mehrmals gelesen, und jedesmal hat er mich sehr tief berührt. Meine unmittelbare Reaktion war, überhaupt keine Antwort zu schicken! Du hast alles gesagt.

Du sagst, daß »es« unendecktes Land sei und daher beängstigend. Wie es ein chinesischer Heiliger ausgedrückt hat: »Das Erwachen ist immer plötzlich, die Befreiung mag Zeit benötigen.« Mache Dir also keine Gedanken um die Befreiung.

Du hast absolut recht, wenn Du sagst, daß Du nichts zu tun hast – was für herrliche Aussichten! Das ist es tatsächlich! Frei von allen Hemmungen und mentalen Zwängen zu sein, mit dem Strom zu schwimmen.

Des weiteren sagt Du: »Ich kam zu dem letzten Gespräch völlig ohne Erwartungen. Ich glaube, das war wichtig.« Ganz gewiß war das äußerst wichtig. Die Straße der Mißerfolge und Frustrationen ist mit Erwartungen gepflastert.

Ich war bedingungslos bei Dir, als Du das Erwachen erfuhrst. *Wörtlich* genommen hattest Du recht, als Du sagtest, daß Du »die Erfahrung mit Ertrinken vergleichen würdest«. Du konntest nicht genug Luft in Deine Lungen pumpen. Du wurdest ohne Unterbrechung von intensivsten Schluchzern geschüttelt, und je mehr man versuchte, Dich zu trösten, desto schlimmer wurde es. Wie hätten die anderen es wissen können?!

Es war ein sehr beeindruckendes Erlebnis für Sharda. Sie war recht fassungslos und voller Mitgefühl für Dich.

Schreibe, wann immer Du Dich danach fühlst, doch nur dann. Niemand schuldet irgend jemandem irgend etwas. Es kommt alles von INNEN.

21. Juni 1991

Ich habe Deinen wundervollen Brief vom 23. Mai erhalten.

Der Vorfall der Schockreaktion, die Du erlebt hast, als während der Operation das Xylocain in Deine Blutbahn eingeführt wurde, hat mich sehr beeindruckt.

Die Briefe

Eine der wichtigsten Entwicklungen im Leben nach dem Erwachen ist die Tatsache, daß alle Zweifel verschwinden – Du wirst Dich nicht mehr fragen, ob das, was »Du« tust, richtig oder falsch ist, ob es der arbeitende oder der denkende Verstand ist, der wirkt. Falls ein Konzeptualisieren vor sich geht, dann wird es bezeugt und dadurch abgeschnitten werden.

SDs Verständnis ist recht gut, doch es tut mir leid, es ist recht stark auf der intellektuellen Ebene. Es ist die phänomenale Ebene, die das wirkliche Hindernis ist, nicht so sehr der intellektuelle Teil. Wenn das Verstehen zu »wirken« beginnt, und sei es auch nur auf der intellektuellen Ebene, dann ist eines der größten Hindernisse, daß andere sehr schnell bemerken, daß etwas »Ungewöhnliches« (von ihrer eigenen Perspektive aus betrachtet) geschieht, und sie fühlen sich von der neuen Persönlichkeit fasziniert und angezogen. Der Haken ist, daß der sich neu entwickelnden Persönlichkeit die Rolle des »weisen Mannes« in diesem Kreis gefällt, und das verhindert selbstverständlich, daß das Verstehen Wurzeln schlägt und blüht. Und auch das ist ein Teil des Ablaufs der Totalität. Du wirst selbstverständlich PH weiterhin in diese Richtung weisen, doch wie »erfolgreich« Du sein wirst, hängt völlig davon ab, was in dem Körper-Verstand-Organismus namens PH geschehen soll.

Ich hoffe, Du hast meinen vorherigen Brief erhalten – die Post ist zur Zeit sehr unzuverlässig.

Ganz liebe Grüße von uns beiden an Euch beide.

4. August 1991

Ich war erfreut, Deinen Brief vom 22. Juli zu erhalten. Schreibe auf jeden Fall, wenn Dir danach ist – und nur, wenn Dir danach ist! Dabei ist belanglos, ob Du Dich für einige Zeit nicht danach gefühlt hast. Zu schreiben, wenn man schreiben »sollte«, ist Sklaverei. Ich erwähne das, weil Du Dich im Moment danach fühlst, jeden Tag zu schreiben. Mache das und führe eine Art Tagebuch, habe jedoch keine Eile, es abzusenden, warte auch hier, bis Du Dich danach fühlst. Sei Dir absolut sicher, daß es immer völlig verstanden wird, niemals mißverstanden. Das ist eine der erstaun-

Erleuchtende Briefe

lichen Aspekte einer Guru-Schüler-Beziehung, die *in Indien* ihren Höhepunkt bei Vollmond im Juli erreicht. Jedes Jahr wird GURU-POURNIMA, des Gurus Vollmond, gefeiert. Die Bedeutung dieses Tages liegt darin, daß die Schüler, wenn irgend möglich, an diesem Tag ihren Guru besuchen, gedacht als eine Ehrerbietung, und ihm etwas entsprechend ihren Möglichkeiten schenken. Sie sind berechtigt jegliche Fragen zu stellen in der absoluten Zusicherung, daß selbst der ungeduldigste und »schwierigste« Guru sie offen und geduldig beantworten wird! Dieses Jahr fiel der Tag auf Freitag, den 26. Juli.

Kurioserweise klingelte an diesem Tag frühmorgens ein junger Amerikaner an unserer Tür. Der Hausangestellte war unterwegs, und ich hörte die Klingel, als ich mit einem Handtuch um die Hüfte aus dem Bad kam. Ich öffnete die Eingangstür und fand diesen jungen Mann – er war 28, doch sah er mehr wie 23 aus – seine Handflächen zum *Namaste* gefaltet, mit einem sorgenvollen Ausdruck auf seinem Gesicht, wie mir schien. Ich lächelte ihn an, führte ihn ins Wohnzimmer und versicherte ihm, in ein paar Minuten zurück zu sein. Ihm war die Bedeutung des Tages nicht bewußt, und wir sprachen für ein bis eineinhalb Stunden miteinander. Er nahm recht ernsthaft die Grundlagen in sich auf, doch es war ohne Zweifel klar, daß es für ihn etwas völlig Neues und Unangetastetes war. Er hatte überhaupt kein Geld und lebte in einem Ashram. Als er mich fragte, ob ich eines meiner Bücher greifbar hätte, schenkte ich ihm *Pointers*, um ihn nicht in Verlegenheit zu bringen. Seitdem ist er noch einmal gekommen und wird ohne Zweifel noch öfters kommen.

Danke Dir für den Artikel über »Virtual Reality«, der mir sehr gefallen hat. Ein Artikel in *Scientific American* wäre wunderbar.

Bezüglich: Berge und Flüsse – dies ist eine Metapher, die ich immer besonders gerne anführe, da sie recht außergewöhnlich ist und deutlich macht, wie der Heilige nicht mehr zwischen Dualismus und Nicht-Dualismus unterscheidet, er erkennt, daß sie nicht wirklich getrennt sind, sondern zwei Aspekte der einen Unicity. Ein individuelles Selbst, Wesen, Unpersönlichkeit, Gott (ICH bin Gott bedeutet nicht, daß Gott das persönliche »Ich« ist), und ein individuelles Selbst, das in äußerster Demut zu Gott betet, sind grundsätzlich nicht verschieden, denn Demut, metaphysisch betrachtet, bezieht sich nicht auf das damit verbundene Gegenteil, den Stolz, sondern die völlige Abwesenheit eines jeglichen Wesens, das stolz oder demütig sein könnte. Mit anderen Worten, der Heilige sieht keinen Unterschied zwischen sich selbst und den anderen, denn das endgültige Verstehen besagt, daß es, wenn das »Ich« nicht mehr vorhanden ist, nichts außer Das gibt.

Dies wird im Buddhismus als die drei fiktiven Unterschiede auf dem fiktiven Weg zum Erwachen bezeichnet:

a) Wenn Berge und Flüsse als solche erkannt werden, dann sieht das Subjekt die Objekte als etwas Getrenntes und Wirkliches.

b) Wenn Berge und Flüsse nicht mehr als Berge und Flüsse betrachtet werden, das Objekt lediglich als das Subjekt erkannt wird, zwar als unwirklich, doch immer noch getrennt.

c) Wenn Berge und Flüsse wieder als Berge und Flüsse erkannt werden, als unwirklich, doch nicht getrennt.

Mit anderen Worten ausgedrückt, wird zu Beginn die Welt – die Berge und die Flüsse – als »wirklich« wahrgenommen; später werden sie als illusionäre Objekte im Bewußtsein wahrgenommen und somit als unwirklich erkannt; am Ende, wenn das Erwachen geschieht, dann *WISSEN* wir, daß die Welt nichts weiter als Bewußtsein ist, sich selbst objektivierend als Berge und Flüsse. Selbst diese letztendliche Wahrnehmung ist nicht die Wahrnehmung der Wirklichkeit, sondern lediglich eine phänomenale, konzeptionelle Wahrnehmung. *Doch nichtsdestotrotz*, wenn »Du« weißt, daß Du selbst DAS bist, dann bleibt das Du kein Du mehr, und »Du« erkennst Dich als die Leere.

In diesem letzten Augenblick des »Erwachens« lösen sich der »Sehende« und das »Gesehene« als solches auf, und es verbleibt nur das »SEHEN« – der Sehende und das Gesehene sind in gewissem Sinne horizontal, denn beide existieren scheinbar im Verstand, während SEHEN vertikal im nicht-gespaltenen Verstand ist (nicht im Dualismus von Sehendem und Gesehenem), und somit ist es subjektiv, nirvanisch. Der Moment des Erwachens muß notwendigerweise plötzlich geschehen, denn *Samsara* und *Nirvana* sind verschiedene Zustände des Seins, und es kann keine Brücke zwischen ihnen geben. Sobald Erwachen geschieht – es kann nicht erreicht werden –, bekommt die Wahrnehmung eine neue Dimension, und die Phänomene werden als die Subjektivität erkannt, während sie früher als Objekte betrachtet wurden.

Das sollte ich wohl ein wenig genauer erklären, indem ich mehr auf den »Unterschied« der Sichtweise eines Erwachten nach der Disidentifikation eingehe. Phänomenal betrachtet gibt es eigentlich keinen Unterschied, denn der dualistische, mechanische Prozeß des »Sehens«, der durch Raum und Zeit begrenzt wird, ist immer der gleiche – Erleuchtung oder nicht –, das heißt, das Subjekt betrachtet das Objekt. Der Unterschied ist lediglich die Tatsache, daß der Erwachte WEIß, daß zum einen die Phänomene unwirklich sind und zum anderen, daß die Phänomene in Wahrheit die Subjektivität sind, denn es gibt nichts anderes: Er WEIß, daß es keinen Sehenden und nichts Gesehenes gibt, nur das SEHEN. Mit anderen Worten, die Erwachten sehen, *objektiv* betrachtet, auch Berge und Flüsse, doch, *subjektiv* betrachtet, sehen sie – was sie WISSEN – Leere, ein Auge, das sich selbst betrachtet. Wenn sie nicht schauen, dann sind sie, vedantisch gesehen, *Sat-chit-ananda*: Sein – Bewußtsein – Glückseligkeit.

Folglich bedeutet Erwachen die Transformation der Perspektive, aus der die Welt und alles, was sie enthält, betrachtet wird. Wenn sich das »Ich« und die Illusion von der persönlichen Verantwortung aufgelöst haben, dann bleibt nur, wenn man die Dinge ohne persönliche Verantwortung geschehen läßt, ein wunderbares Gefühl von völliger Freiheit. Es kann im Moment des Erwachens auch ein ekstatisches Gefühl von Freude erzeugen, wenn sich die Heilung der Trennung zwischen dem Einen und dem Rest der Welt vollzieht, doch kann es keine ununterbrochene, ekstatische Freude und kosmische Einsicht für den Rest des Lebens geben. Erwacht man plötzlich von einem Alptraum, dann ist das eine unglaubliche Erlösung, eine Freude, doch hält das nicht den ganzen Tag an!

Du hast völlig recht, wenn Du sagst, daß, egal welche Bewußtseinsebene man auch anpeilt, sie recht bald nur noch »normal« erscheint. Wenn man für längere Zeit krank gewesen ist, dann ist es eine überwältigende Freude, wieder gesund zu sein, doch das vergißt man auch schnell wieder und vergißt gar die Tatsache als solche.

Die Briefe

Du schreibst, daß die sehr schöne Umgebung bei Dir zu Hause auf dem Land ein Raum ist, der höchst erfreuliche Erfahrungen fördert. Im Moment bist Du Dir dieser Erfahrung bewußt und denkst darüber nach. Ein solches Denken – so angenehm es auch sein mag – ist immer noch der denkende Verstand. Du wirst Dich sehr bald in dem Sinne an diese »Ereignisse« gewöhnen, daß Du sie sicherlich weiterhin genießen wirst, so, wie Du ein ausgezeichnetes Essen genießen würdest, doch wirst Du nicht weiter darüber nachdenken, Du wirst die Erfahrung in dem Moment sterben lassen.

Der Verstand, der im Moment des Erwachens noch nicht vollständig stirbt, will sich an den Moment des Erwachens erinnern und sich rückversichern, daß es tatsächlich und wahrhaftig geschehen ist. Doch wenn man am Morgen völlig erwacht ist, fragt man sich nicht mehr, ob man tatsächlich aufgewacht ist. Du gehst Deinem gewohnten Lebensgang nach, und Du wirst recht bald die Tatsache akzeptieren, daß »etwas« geschehen ist, und daß es sinnlos ist, dem einen Namen zu geben oder irgend etwas damit zu machen.

Ein bemerkenswertes Detail der Akzeptanz der Tatsache des Erwachens ist, daß Du nicht einmal darüber nachdenken wirst, ob das, was Du zu jedem gegebenen Zeitpunkt tust, richtig oder falsch ist. Der Grund dafür ist die Tatsache, daß Du WEIßT, daß Du in Wirklichkeit nichts tust, daß der Körper-Verstand-Organismus von der Totalität benutzt wird, um Handlungen und Ereignisse als Teil des gesamten Ablaufs geschehen zu lassen – was auch immer die Konsequenzen für den betroffenen Organismus sein mögen. Du »wartest« nicht einmal darauf, zu sehen, was geschieht oder wie es sich entwickelt.

Unsere herzlichsten Grüße an PH und Dich. Laß los – laß ES loslassen!

12. September 1991

Ich entnehme Deinem Brief, daß Du im Verhalten von SP einen Wandel wahrgenommen hast. Das hat mich sehr gefreut – ich freue mich für ihn. Nun wird er sich wohl auf dem richtigen Weg befinden, um das Verstehen zu empfangen; dieses Verstehen, in dem es keinen individuellen Verstehenden gibt: und somit die völlige Abwesenheit des stolzen »Ich«, das sich in dem Glauben wog, daß »es« verstanden hätte!

Du wirst feststellen, daß Du ab jetzt auf die eine oder andere Weise ein Instrument für die Verbreitung der Lehren sein wirst – für die wenigen, die spirituell reif genug sind, sie zu empfangen. Das wichtigste Detail dabei ist selbstverständlich zu verstehen, daß Du lediglich das Instrument bist, das die Totalität auf eine Weise einsetzt, die Du niemals verstehen kannst. Das bedeutet, daß es absolut keinen Grund gibt, sich in irgendwelchen Situationen unwohl zu fühlen.

Es wird sich eine Art zu denken – und zu fühlen – entwickeln, daß *Du* nicht umherreist. *Du* wirst umhergereist, bewegt auf mysteriöse Weise, so daß dieses Instrument besser dabei zum Einsatz kommt und ausführt, was es in der Zukunft ausführen soll. »Du«, nicht IJ, kann dabei nur eines tun: mit Erstaunen Zeuge dessen sein, was auch immer geschehen mag. Das Verstehen wird zum Zeugesein, einem Aspekt des Bewußtseins.

4. Februar 1992

Ich habe Deinen Brief vom 9. Januar nach meiner Rückkehr aus Bangalore am 1. Februar erhalten. Ich freue mich darauf, Euch beide in Kirkridge in Pennsylvania wiederzusehen.

Wenn Du einmal die Wahrheit aufgestöbert hast, bist Du völlig sicher vor Konzepten! – und bist frei, die verschiedenen Aspekte davon zu genießen.

Ganz herzliche Grüße von uns beiden an PH und Dich.

20. Januar 1993

Das war wirklich ein erfreulicher Brief von Dir – vom 12. November 1992. Zunächst verschob ich meine Antwort, denn Du warst bis zum 7. Januar fort, doch dann kamen eine Menge Besucher, und die Post begann sich zu stapeln.

Auch Sharda und ich »genießen das Leben sehr«, so wie Du es von Euch beiden beschreibst. Jemand, der *Jnana* falsch versteht, wäre sicherlich entsetzt zu hören, daß es möglich ist, »das Leben zu genießen«, nachdem das Verstehen geschehen ist! Dieses Mißverständnis (das selbstverständlich auch zum Was Ist gehört) ist der Grund, warum der Suchende Angst davor hat, das Leben zu genießen, weil er es für ein entscheidendes Hindernis auf dem Weg zur Erleuchtung hält! Was für ein unglaublicher Witz das Ganze ist.

Ich denke, Du hast inzwischen *Consciousness Speaks* erhalten und es vielleicht schon gelesen. Ich würde gerne Deinen Kommentar dazu hören. Es ist eine Sache zu wissen, daß es dem Suchenden geholfen hat, und es ist eine andere Sache zu wissen, wie es den Organismus beeinflußt, der nicht mehr sucht.

Es gibt einem ein Gefühl von Demut, daß so viele Menschen die Kosten nicht scheuen und teilweise von weit entfernt anreisen, nur um physische Nähe mit jemandem zu suchen, den sie als ihren Guru bezeichnen. Von den fünf bis sechs Personen, die ich demnächst erwarte, kamen zwei bereits im letzten Jahr – somit muß die Reise wohl erfolgreich gewesen sein.

Mein lieber IJ, schreibe, wann immer Du Dich danach fühlst. Deine Briefe sind so natürlich, spontan und voller Mitgefühl.

Briefe an EF

2. Mai 1988

Vielen Dank für Deinen liebevollen Brief vom 27. März.

Ich habe mir Dein Band über »Mystizismus« angehört, und die verschiedenen Aspekte, die in dieser Angelegenheit diskutiert wurden, haben mich sehr interessiert. Ich will es auf jeden Fall noch einmal durchlaufen lassen, denn als ich es mir anhörte – und ich stellte fest, daß ich sehr genau hinhörte –, lösten gewisse Aussagen eine plötzliche Reaktion aus, und so entschied ich, es mir nochmals anzuhören. Danach werde ich Dir vielleicht, wenn mir danach ist, meinen Kommentar dazu schicken. In diesem Augenblick erinnere ich mich an die Stelle auf dem Band, wo Du sagtest, daß Du der Empfehlung von Ramana Maharshi gefolgt bist und

Erleuchtende Briefe

Dich für einige Tage gefragt hast: »Wer bin ich?« – und absolut nichts geschah. Deine Aussage wird von Deinen Zuhörern mit großem Gelächter aufgenommen. Mir schien in dem Gelächter eine große Erleichterung mitzuschwingen, vielleicht sogar eine gewisse Hysterie (vielleicht war ich an dem Punkt auch zu sensibel), so als ob sie es völlig verwirrt hätte, wenn Du so etwas gesagt hättest wie: »…und dann geschah eines Tages etwas Unglaubliches!« Mir schien, daß die Zuhörer recht erleichtert über diese Bestätigung waren, daß die Frage: »Wer bin ich?« trotz allem nur ein Gag ist. Ich könnte natürlich auch falsch liegen.

Ich selbst habe ein gewisses Maß an Humor, und ich weiß den Humor der Situation zu schätzen, abgesehen von dem, was ich vorher dazu gesagt habe. Dies erinnert mich an ein anderes Ereignis, von dem ich irgendwo gehört oder gelesen habe: Es gab einen Artikel von einem englischen Journalisten, den man überredet hatte, Ramana Maharshi zu besuchen. Der Artikel war recht witzig geschrieben. Er berichtet davon, daß die Leute nach einem sehr scharf gewürztem Essen zur Halle zurückkamen. Dann, als sich alle hingesetzt hatten, schrieb er: »Gott rülpste«! Dies bezog sich offensichtlich auf die Tatsache, daß Ramana Maharshi normalerweise BHAGAVAN genannt wurde, was übersetzt Gott heißt. Ich erinnere mich, daß die Person, die mir das erzählte, recht ungehalten war über die »Einstellung des skeptischen Westlers«, und er wurde noch ungehaltener, als ich selbst lauthals darüber lachte. Er war schockiert, daß auch ich darüber lachte. Also erklärte ich ihm, daß ich nicht den geringsten Zweifel hatte, daß Ramana Maharshi selbst den Witz genossen hätte, wenn jemand gewagt hätte, ihn ihm zu erzählen!

Du schreibst: »Meine Stimmungen sind wie eine Achterbahn. Mehrere persönliche Probleme belasten mich im Moment.« Das zu kommentieren, erscheint mir, als ob man einem Experten eine Einführung in sein Spezialgebiet geben würde. Doch ich möchte dazu etwas aus meiner persönlichen Erfahrung sagen, kurioserweise aus einer Zeit, bevor ich begann, Nisargadatta Maharaj aufzusuchen:

Es gab eine Zeit in meinem Leben, wo ich mich völlig von scheinbar unlösbaren Problemen umzingelt sah, und es gab kein

Entrinnen. Eines Abends fühlte ich mich ganz besonders bedrückt und unternahm einen Spaziergang. Und plötzlich, im Bruchteil einer Sekunde – mir schien es tatsächlich wie der ewige, momentane Augenblick – kam ein Blitz des Verstehens (völlig und absolut jenseits des intellektuellen Verstehens), der mich plötzlich anhalten ließ. Mir schien, als ob die ganze geballte Ladung dieser Probleme von meinen Schultern genommen wurde. Ich wußte natürlich, daß die Probleme noch vorhanden waren, doch sie schienen nicht mehr »mir« zu gehören! Als ich das später jemandem erklärte, der sich in einem ähnlichen Dilemma befand, kam ich nach einiger intellektueller Selbstbeobachtung zu der Schlußfolgerung, daß der Blitz des intuitiven Erfassens mehrere Aspekte enthielt:

a) Ich hatte vor 100 Jahren keine Probleme, und ganz gewiß werde ich in 100 Jahren keine Probleme haben.
b) In meinem Leben gab es ganz gewiß schon früher Probleme, die zu der Zeit genauso ernst zu sein schienen, doch auf die eine oder andere Weise lösten sie sich auf und so würden sich auch meine derzeitigen Probleme auflösen.
c) Ganz gewiß hatte ich alles unternommen, diese Probleme zu lösen. Mehr gab es nicht zu tun, und sich darüber Sorgen zu machen, hilft ganz gewiß nicht.
d) Es gab also nur eine Schlußfolgerung: Akzeptiere die Situation und höre auf, sie unter Kontrolle bringen zu wollen. Mit anderen Worten, sage zum Leben: Komm, mach, überrasche mich!

20. Januar 1989

Ich war sehr erfreut über Deinen Brief vom 30. Dezember, der auf keinen Fall »lächerlich« ist. Offen gesagt, zeigt er mir an, selbstverständlich relativ gesprochen, daß eine Art Durchbruch geschehen ist. Ich sage es nochmals, ich bin hoch erfreut.
  Du sagst über die Medikamente: »Diesesmal habe ich aus mir unerklärlichen Gründen die Pillen nicht genommen.« Meine spontane Reaktion war: »Das ist gut für jemanden, der ansonsten ein äußerst rationaler Mensch ist. Diesesmal hast Du Deiner Intuition freien Lauf gelassen, *was auch immer die Konsequenzen sein*

mögen.« Der Intuition solchen Raum zu geben verlangt eine Menge Mut, eine Menge Vertrauen, ganz gewiß für jemanden, der ständig und völlig auf Begründungen und Rationalität gebaut hatte. Daher habe ich mit Freude im Nachwort Deines Briefes vernommen, daß, zumindest als Du den Brief beendet hattest, es Anzeichen gab, daß Deine Depressionen weniger wurden, sogar ohne Medikamente. Bei diesem Stand der Dinge würde ich lediglich sagen, und das war vielleicht vorauszusehen (!), daß die Konsequenzen Deiner Entscheidung im weiteren Verlauf lediglich bezeugt werden sollten, ohne irgendwelche bestimmten Hoffnungen. Du wirst das Aufsteigen eines Gefühls von Hoffnung nicht verhindern können, doch selbst dieses aufsteigende Gefühl sollte lediglich bezeugt werden, ohne es auf diese oder jene Weise zu beurteilen.

Du hast natürlich völlig recht, wenn Du sagst, daß SV sich der Erfahrung der Vereinigung widersetzte, oder besser gesagt, daß das Ego oder die Identifikation mit einem Wesen sich der Erfahrung widersetzte, denn eine solche Erfahrung hätte seine eigene Auflösung zur Folge und solch eine Auflösung bedeutet absolutes Chaos im Leben!

Diese Phase selbst bedeutet, relativ gesehen, einen enormen Fortschritt in dem Sinne, daß sich der grundsätzliche Widerstand gegen die Erfahrung der Vereinigung in dem Maße aufgelöst hat, daß es eine gewisse Offenheit, vielleicht gar Akzeptanz für die Existenz des »Einen Bewußtseins« gibt, und selbst der Beginn des Gewahrseins dieser Vereinigung ist ein großer Schritt nach vorn – so wie die verängstigte Jungfrau ihrem Liebhaber endlich einige intime Berührungen erlaubt! Um bei dem Gleichnis zu bleiben (im vollen Gewahrsein, daß jedes Gleichnis oder jede Illustration begrenzt ist): Eine überstürzte Handlung des Liebhabers könnte katastrophale Konsequenzen haben, während bei dem spirituellen Sieg über das Ego die ganze Angelegenheit relativ gesehen gegenstandslos ist, denn das Ego selbst ist die Jungfrau und der Liebhaber. Doch von einer unerwarteten Quelle kommt Hilfe in Form des noumenalen Verstehens dessen, daß das Ego in Wirklichkeit »niemandes« Feind ist: Wer könnte es bekämpfen? Das Ego selbst ist die Identifikation von seiten des universellen oder unpersönli-

Die Briefe

chen Bewußtseins mit einem individuellen Objekt. Ein solches Verstehen erzeugt die Disidentifikation von jeglichen persönlichen Konflikten. Der Widerstand gegen die vereinigende Erfahrung kann nicht abgewehrt werden. Auch hier: Von wem? Er kann nur ohne Widerstand betrachtet oder bezeugt werden, ohne irgend etwas damit tun zu wollen. Anders ausgedrückt, liegt die Antwort darin, dem Widerstand keinen Widerstand zu bieten, sondern lediglich seine Existenz in passiver Weise wahrzunehmen. Es ist das Ego, das dem Widerstand widersteht und zur gleichen Zeit zerrt und drückt, was nur in Frustration enden kann. Der wirklich wichtigste Punkt in dieser Schilderung ist, daß das reine Zeugesein – ohne jeglichen Widerstand – des Widerstandes selbst eine noumenale Wahrnehmung ist. Eine solche Art von Zeugesein vernichtet den Widerstand und bringt die vereinigende Erfahrung zurück – wenn nicht genau zu dem Zeitpunkt, dann sicherlich bei einer anderen Erfahrung, wenn solch zukünftige Erfahrungen nicht gesucht, gewünscht oder mit Freude erwartet werden.

Bei dieser Analyse sollte ein wichtiger Punkt nicht aus den Augen verloren werden: Warum sollte überhaupt ein Widerstand gegen die vereinigende Erfahrung entstehen, wenn der entscheidende Punkt bei dieser Erfahrung das Loslassen ist? Die Antwort liegt in einem Aspekt der ZEIT. Die vereinigende Erfahrung ist im augenblicklichen Moment, und der Widerstand richtet sich nicht gegen die Erfahrung selbst, sondern er liegt in der Angst, im augenblicklichen Moment zu verweilen, die Angst davor, was in Zeit, in Dauer geschehen mag, wenn die Erfahrung vorüber ist! Es ist die Angst vor der Zukunft, die eine Bewegung in Gang setzt, die von der Erfahrung des Augenblicks weg führt, eine Erfahrung, die zugegebenermaßen eine unbekannte – und somit in gewisser Weise beängstigende – Erfahrung ist. Zu verstehen, daß Zeit und Dauer in ihrer Essenz Veränderung bedeuten und daß somit die Erwartung von Sicherheit auf Dauer eine Illusion ist, ist der erste Schritt, den momentanen Augenblick anzunehmen – hier und jetzt – als die einzige Realität, in der die vereinigende Erfahrung geschieht. Solch eine Akzeptanz schneidet die Bewegung, die weg von der Erfahrung führt, ab, und eine jede solche Erfahrungen schneidet die Bewegung, die weg vom momentanen Augenblick

Erleuchtende Briefe

und hinein in die Angst und Hoffnungen der Zukunft führt, ab. Solch ein Verbleiben im momentanen Augenblick bedeutet, Zeuge des vorüberziehenden Schauspiels in Zeit zu sein, ohne Verwicklung, ohne zu vergleichen und zu urteilen, ohne das Was Ist im augenblicklichen Moment verändern zu wollen.

Es ist erstaunlich, daß das Ego immer wieder plötzlich auftaucht, selbst wenn das Verstehen einigermaßen gefestigt ist, denn »der Friede vom Verstand«, der ursprünglich angestrebt wurde und der tatsächlich mit dem Verständnis des momentanen Augenblicks geschieht, wurde als ein Objekt betrachtet. Das Ego, daß noch nicht vollständig zerstört worden ist, fängt an zu schimpfen, daß das »Verstehen«, auch wenn es eine gewisse Stabilität in der Einstellung zum Leben erzeugt hat, gleichzeitig das Ausmaß, die guten Dinge des Lebens genießen zu können, beschnitten habe. Wie mir einst einer meiner Korrespondenten mit einem gewissen Maß an Einsicht in einem Zustand von Verzweiflung geschrieben hat: »Dieses verfluchte Verstehen hat das Leben so langweilig und uninteressant gemacht – ich scheine nichts mehr wirklich voll genießen zu können!« Solange das Ego existiert, wird es weiterhin die »Freuden« als ein Objekt suchen. Es wird weiterhin die Höhen *ohne die Tiefen* suchen! Und das ist unmöglich: Ein Vogel kann nicht fliegen und gleichzeitig auf dem Boden sein. Mein Vorschlag an diesen Freund war wiederum, solch ein Aufsteigen der Unzufriedenheit des Ego lediglich als Zeuge wahrzunehmen und nichts damit machen zu wollen. Er gab zu, daß im großen und ganzen die Grundstimmung seines Lebens recht zufriedenstellend sei und daß all seine Freunde nicht nur den Wandel wahrgenommen hatten, sondern auch mehr und mehr seine Gesellschaft suchten, denn seine Entspanntheit und Zufriedenheit schien sie selbst irgendwie zu entspannen und gab ihnen das Gefühl, daß ihre Schwierigkeiten gar nicht so bedeutsam seien.

Ich bin mir nicht sicher, EF, ob dieses Problem jemals auf der individuellen Ebene gelöst werden kann, ich meine die ganz bestimmten Ängste eines jeden Individuums. Die Basis ist die gleiche: Das »Akzeptable« im Moment festhalten zu wollen und abzuweisen, was als »inakzeptabel« bezeichnet wird. Ich stimme dem vollen Herzens zu, daß jemand wie Du, der ein gewisses

Die Briefe

Maß an Einsicht in das hat, wovon ich rede, einem Patienten ein beachtliches Maß an Führung bieten kann und ihm erklären kann, »wie die Psychosomatik dem angestrebtem ›Loslassen‹ im Wege steht«, besonders bei einer so talentierten Person wie SV. Tatsächlich hat mir eine Psychotherapeutin aus San Francisco, die ein oder zwei Gesprächen in Tiburon beigewohnt hatte, erzählt, daß sie mit ihrem tiefergehenden Verständnis bei ihren Patienten eine veränderte Einstellung in dem Sinne feststellen konnte, daß die Kommunikation zwischen der Therapeutin und dem Patienten freier und entspannter ablief. Die Patienten stellten fest, daß sie »ehrlicher und ernsthafter sei, mehr von Innen heraus wissend«.

Im dritten Absatz auf Seite zwei Deines Briefes drücktest Du mit sehr viel Gefühl aus, was diese Psychotherapeutin versuchte, mir zu sagen. Dieser Paragraph gefällt mir ausnehmend gut, und er war es, der mich zu Beginn dieses Briefes sagen ließ, daß ich in Deinem Fall einen klaren Durchbruch feststelle (natürlich relativ gesprochen). Die letzten sieben oder acht Zeilen haben mich sehr berührt. Ich kann nur wiederholen, daß es nichts gibt, das »Du« tun kannst, um den Prozeß zu beschleunigen, »Du« kannst lediglich Zeuge dessen sein, was geschieht, und dankbar die Zuwendungen der Gnade annehmen. Und bald werden es keine Zuwendungen mehr sein, sondern ein unendlicher Strom, der »niemanden« benötigt, der akzeptiert oder dies zu schätzen weiß, der dankbar für »etwas« ist – was tatsächlich die Vereinigung bedeutet, das Nicht-Geteiltsein.

Du hast sicherlich selbst erfahren, daß spontane Handlungen eine ihnen innewohnende Vitalität besitzen und »ihre eigene Ausdrucksform« haben, während etwas, das sehr gut geplant und organisiert worden ist, wie geplant ablaufen mag, doch gleichzeitig als zu rigide und zu sehr durchgeplant erscheinen mag: So ist das in Deinem letzten Brief geschehen, der zurückhaltend und intellektuell beginnt und völlig intuitiv endet.

Nun zu den Punkten, die Du geklärt haben möchtest:

1. Mein Kampf mit Maharajs Lehren. Ich konnte intuitiv erkennen und sehen, was Maharaj in bezug auf die Illusion des mutmaßli-

chen, individuellen Suchers sagte, der die mutmaßliche Befreiung vom mutmaßlichen Gefangensein sucht. Die Schwierigkeiten und der Kampf wurde vom Intellekt durch die Frage erzeugt: Wenn das Individuum eine Illusion, ein Konzept ist, an wen richtet Maharaj dann seine Fragen? Wer soll »los-lassen«, oder wer soll »einfach sein«? Sobald der Verstand ruhig oder leer wurde, und das *Gefühl* von dem, was Maharaj sagte, tiefer einzusinken begann, wenn sich die Augen schlossen und alle Gedanken »aufhörten«, dann tauchte sofort die Frage auf: »Richtig, aber ...« Wer ist es, von dem erwartet wurde, etwas zu tun – »loszulassen« oder »nur zu sein« – während es nichts gab, das getan werden konnte? Maharaj nahm den Kampf und die Frustration wahr, doch schnitt er nie das Thema an. Und eines Tages erkannte ich plötzlich, daß Maharaj diese Worte *nicht* an »jemanden« adressierte. Er sagte lediglich, daß das Loslassen und das Nur-Sein der natürliche Zustand ist, den niemand herbeiführen kann, daß es den natürlichen Zustand nur deshalb gibt, weil das »Ich« sich keinen unbefugten Zutritt verschafft, weil der angebliche »Handelnde« dabei völlig abwesend ist. Dieses Verstehen selbst mußte spontan geschehen, denn ansonsten wäre unweigerlich die Frage aufgetaucht: »Wie soll man das machen?« Die Frage, das Problem, war nicht zu lösen, es konnte sich nur auf-lösen. Der Intellekt kann immer das Paradox anführen, das in dem theologischen Konzept von einem allmächtigen Gott enthalten ist: Kann Gott einen Stein erschaffen, der so schwer ist, daß Er ihn selbst nicht heben kann? Wenn Er es kann, dann bedeutet das eine Begrenzung seiner Allmacht, wenn Er es nicht kann ebenfalls! Auch wenn es eine verbale Spitzfindigkeit sein mag, solange es sie gibt, kann sie doch eine rechte Plage sein. In dem Moment wo die Auflösung des Problems geschah, schlug ich in einem Reflex mit meiner Hand auf den Holzfußboden, und es gab einen lauten Knall. Jeder im Raum schaute mich verwundert an, und ich war ganz verlegen und glaubte, daß Maharaj über die Unterbrechung verärgert sein würde, doch ganz im Gegenteil: Er strahlte mich an und zeigte mit dem Finger auf mich. Er wußte, daß sich der Block aufgelöst hatte.

2. Die Vorstellung »einer bloßen Erscheinung im Bewußtsein« ist eine so grundsätzliche, daß sie »selbst in diesem Entwicklungs-

Die Briefe

stadium« oft die nagende Frage aufwirft: »Habe ich das wirklich verstanden?«

Laß mich von einem Ereignis erzählen, das mir in L.A. widerfahren ist. Auf dem Gelände, wo die Olympischen Spiele in L.A. abgehalten wurden, gibt es ein Kino, IMAX (Image Maximized), mit einer Leinwand 21 Meter breit und drei Stockwerke hoch, auf der 45-Minuten-Filme gezeigt werden mit zehn Stereosystemen, die ein dreidimensionales Gefühl vermitteln. Ich sah zwei Filme, einer war »The Islands of Hawaii« und der andere war »The Grand Canyon«. Beides waren phantastische Produktionen. Ich war der Zeuge von etwas Momentanem, und die visuellen und die akustischen Eindrücke waren unglaublich realistisch. Als ich aus dem Kino kam, hatte ich plötzlich den Eindruck, daß ich im Kino bewegliche Bilder – Erscheinungen – auf der Leinwand gesehen hatte, und was ich sah, als ich aus dem Kino kam, waren auch bewegliche Bilder – Erscheinungen – auf der Leinwand meines Bewußtseins. Was außerhalb des Kinos geschah war genauso eine Erscheinung wie das, was im Kino geschah. Tatsächlich geschieht das gleiche in unseren Träumen: Was auch immer im Traum geschieht, ist so realistisch, oder noch realistischer, als das, was im Wachzustand geschieht. Erst beim Erwachen stellt man fest, daß die Charaktere in dem Traum nur Erscheinungen waren. Die Mystiker sagen, daß das, was man im angeblichen Wachzustand wahrnimmt, genau das gleiche ist wie die Wahrnehmung im Traum.

Genau das sagt nun auch die Wissenschaft: »Das physische Universum existiert *nicht* unabhängig vom Gedanken des Teilnehmers. – Was wir *Realität* nennen, wird vom Verstand erschaffen. – Die Welt ist ohne Dich nicht mehr die gleiche.« Diese drei Beispiele beziehen sich auf einen Cartoon, in dem ein Stuhl nur deshalb als Stuhl wahrgenommen wird, weil der Verstand im Verstand selbst den Stuhl als eine Erscheinung konstruiert. An anderer Stelle wird eine genaue Erklärung gegeben. Dies ist ein Auszug aus dem Buch – *Space-Time And Beyond* – erschienen im Batam Verlag von den Autoren Bob Toben und Allen Wolf. Es ist ein recht interessantes Buch, das mir mein Gastgeber in Tiburon in L.A. gab.

Ich frage mich, ob dies die Angelegenheit vereinfacht oder die Verwirrung noch verschlimmert hat!

Mir gefällt Dein »Geplapper« am Ende Deines Briefes. Ich möchte einige Anmerkungen dazu machen, auch wenn sie vielleicht gar nicht nötig sind.

Du sagst: »Wir beginnen also mit einem unendlich großen Potential, einer vibrierenden Energiequelle, die zu einem empfindungsfähigen Wesen werden kann.« Übrigens ist das Empfindungsvermögen ein Aspekt des Bewußtseins der Energie. Es gibt nichts außer dieser vibrierenden Energie der potentiellen Leere. Es ist tatsächlich Ramana Maharshis vibrierendes ICH-ICH; doch es ist immer noch ein Konzept!

Du sagst: »Die Geschichte fährt fort. Eines der Phänomene, die in Erscheinung treten, ist eine Person, der ein Name gegeben wird, EF. Er identifiziert sich mit dem Klang des Namens, ... und er gibt dem Klang besondere Wichtigkeit.« Ich würde es etwas anders ausdrücken: »Er« identifiziert sich nicht mit dem Klang; was in Erscheinung tritt, ist keine Person. Was in Erscheinung tritt, ist ein menschliches Objekt, mit dem sich das unpersönliche Bewußtsein selbst identifiziert. Somit tritt eine Person in die Existenz, der ein Name (EF) gegeben wird, und damit erscheint auch die Trennung zwischen EF und dem Rest der Welt. Ich mache diese Unterscheidung, weil die Identifikation mit dem Phänomen und dem Namen (Klang) nicht EFs Fehler oder eine Frage von Schuld ist. Die Identifikation ist in dem unpersönlichen Prozeß der Identifikation als Teil der Evolution geschehen, und der Prozeß der Disidentifikation schreitet voran, um schließlich in etwas zu münden, das als »Erleuchtung« oder völlige Disidentifikation mit »EF« *als einem getrennten Wesen* bezeichnet wird.

Dieser Zustand, den Kopf im Rachen des Tigers zu haben, ist wahrlich keine, wie Du festgestellt hast, große Freude im Leben, und Ramana Maharshis elf Verse bestätigen diese Tatsache!

Ganz liebe Grüße, mein lieber EF.

P.S. Ich lege ein Zitat von W. W. W.[14] bei.

---

[14] Wei Wu Wei (Anm. des Herausgebers).

Die Briefe

Als ich das Vorwort für mein erstes Buch *Pointers From Nisargadatta Maharaj* schrieb, hatte ich den folgenden Absatz eingeschlossen:

»Während ich Shri Maharajs Worte ins Englische übersetzte, begann ich den Einfluß von Wei Wu Weis Anwendung der englischen Sprache in seinen Büchern in meiner Übersetzung wahrzunehmen. Ohne Zweifel wird der kritische Leser dieser Worte deutlich Spuren dieses Einflußes wahrnehmen. Abgesehen von der Sprache erscheint es mir als ein wunderbarer Hinweis auf die Universalität der Sache selbst, daß die Schriften eines Schülers und Praktizierenden der Tao-Philosophie wie Wei Wu Wei, Tausende von Meilen entfernt (und er war ganz gewiß kein berühmter Autor), Bestätigung finden in den Worten eines Selbstverwirklichten Jnanis wie Shri Maharaj, dessen Bildung ihn, wie er selbst sagt, so eben über die Schwelle des Analphabetentums hebt!«

Gegen mein eigenes Urteil und unter dem Druck von Menschen, die es wohl mit mir meinten, wurde dieser Absatz weggelassen: Der Kern des Problems war, daß ich damit einen gewöhnlichen Autor mit einem Selbstverwirklichten Jnani auf eine Stufe gestellt hätte.

Vielleicht war es ein Fehler, dies zu streichen – ich meine jetzt, es war ein Fehler –, doch so geschah es, und ich nehme an, daß es so geschehen mußte.

Mehr als zehn Jahre bevor ich begann Maharaj aufzusuchen, schenkte mir ein Freund Wei Wu Weis Buch *The Open Secret*. Als ich es zum erstenmal las, machte das Buch für mich keinen Sinn, doch irgendwie hatte ich das Gefühl, daß es ein wahrer Schatz sei, und ich bewahrte es an einem sicheren Platz auf, damit es nicht mit anderen Sachen aussortiert wurde. Kurz nachdem ich begann, Maharaj zu besuchen, erinnerte ich mich aus unerklärlichen Gründen plötzlich an das Buch (korrekter ausgedrückt: der Gedanke an das Buch tauchte auf). Ich kann gar nicht wiedergeben, durch wieviel intellektuelle Frustrationen ich mit den beiden gehen mußte – Maharaj und Wei Wu Wei! Ich hatte das Gefühl, daß die beiden

Erleuchtende Briefe

sich zusammengetan hatten und sich heimlich auf meine Kosten einen Witz leisteten!! Sie hatten sich tatsächlich zusammengetan, doch wie ich erst später erkannte, um in diesem Körper-Verstand-Mechanismus, genannt Ramesh, das Erwachen geschehen zu lassen.

Als ich zum erstenmal Wei Wu Wei las (ich habe das Buch inzwischen mehr als 100mal gelesen – gewisse Phrasen oder ganze Zeilen kamen aus meinem Mund, als ich Maharajs Gespräche übersetzte), war ich erstaunt über das gute Englisch, daß er sich als ein Chinese angeeignet hatte. Einige Zeit später erfuhr ich, daß W.W.W. kein Chinese, sondern ein reicher irischer Aristokrat war (Terrence Gray), der in Oxford studiert hatte und ein Experte für Wein und Rennpferde war.

Diese Informationen bekam ich von einer Dame, die Maharaj besuchen kam. Sie schickte mir später ein Foto von W.W.W. und sich. Sie erzählte ihm von *Pointers*, und er war interessiert, das Buch zu sehen. Hätte ich seine Adresse gehabt, ich hätte ihm auf jeden Fall eine Kopie geschickt. Das tat ich dann, als ich von dieser gemeinsamen Freundin seine Adresse bekam. Ich schickte ihm eine Kopie in seine Villa nach Südfrankreich, zusammen mit einem Brief, in dem ich meinen Dank für seine Hilfe ausdrückte, die ich durch sein Buch erfahren hatte. Unglücklicherweise hatte zu dem Zeitpunkt eine gewisse Senilität eingesetzt (W.W.W. war fast 90 Jahre alt), doch seine Frau las ihm aus dem Buch (*Pointers*) vor, und in seinen lichten Momenten gab er zu erkennen, daß ihm das Buch gefiel. Unsere gemeinsame Freundin erzählte mir, daß er *Pointers* als »Wei Wu Wei ohne Tränen« bezeichnete.

Vor einigen Jahren erfuhr ich, daß Wei Wu Wei tot ist. Seine Schriften und Maharajs Lehren haben mir eine Menge geholfen, doch viele Leute finden seine Bücher zu abstrus.

19. April 1989

Ich werde nochmals auf Deinen Brief vom 20. Februar zurückkommen – in einem längeren Brief.

Im Moment möchte ich lediglich Deine dringende Frage am Ende Deines Briefes beantworten:

Die Briefe

»Doch was sollen wir mit den vielfältigen Tragödien machen, die unser Erbe sind? Die Nazis stürmen in mein Haus, vergewaltigen alle Frauen und erstechen alle Kinder. Ich werde wohl kaum das Gefühl haben, daß ›niemandem‹ ein Schaden zugefügt worden ist.«
In dieser Aussage hast Du umfassend das grundsätzliche menschliche Problem des Individuums erfaßt und zugleich das allgemeine Mißverständnis darüber, was das Individuum tun soll. Das Problem und das Mißverständnis existieren, seit die Zeit begann.
Manchmal erinnere ich mich an eine Aussage, die Maharaj recht oft wiederholte:

»In den letzten Tausenden von Jahren hat der Mensch nie aufgehört, Anstrengungen in Richtung ›Glück‹ zu unternehmen, was materielle Güter in Überfluß und Frieden vom Verstand einschließt. Doch hat sich die Natur der grundsätzlichen Elemente, aus denen sich dieses manifestierte Universum zusammensetzt, in irgendeiner Weise verändert? Obwohl auf der ganzen Welt in regelmäßigen Abständen viele Weise und Propheten auftauchten und ihre frommen Ratschläge erteilten, hat sich die menschliche Natur auch nur im mindesten (zum ›Besseren‹) verändert?!«

Katastrophen – Gottgewollt oder vom Menschen erzeugt – hat es in der Geschichte immer gegeben. Der Irrtum liegt in der Annahme der Menschen, daß sie etwas TUN könnten, um das Was Ist ändern zu können.
Dein Problem, von dem Du schreibst, besteht aus der darin enthaltenen Frage: »Was soll ich unter den gegebenen Umständen tun? Sollte ich akzeptieren, daß nichts geschehen ist, und daß ›niemandem‹ ein Schaden zugefügt worden ist?«
Das Mißverständnis hat zwei Aspekte: a) Du betrachtest es als eine vom Menschen erzeugte Katastrophe, die somit auch auf die eine oder andere Weise mit Theraphie »heilbar« ist. Wäre es ein Riesenerdbeben oder eine Sturmflut gewesen, dann hättest Du damit keine *so großen* Probleme; b) Du glaubst, daß »Du« akzeptieren solltest, daß »niemandem« ein Schaden zugefügt wurde.

Erleuchtende Briefe

Die simple Wahrheit ist, daß das Ereignis, das Du anführst, die Taten der Nazis – ein Teil des Ablaufs der Totalität ist, über den die Menschheit keine Kontrolle haben kann. (Schau Dir die vielen Bemühungen der Nationen auf internationaler Ebene in diesem Jahrhundert an.) In gleicher Weise unterliegt auch Deine Reaktion – und die Reaktionen von allen, die damit zu tun haben – nicht Deiner Kontrolle. Die Reaktion auf dieses Ereignis ist ebenfalls Teil des Ablaufs im gegebenen Augenblick, die wiederum zu weiteren Ereignissen in diesem Traum, den wir das Leben nennen, führen. Das einzige, das »man« *tun* kann, ist, zuerst von einem Ereignis Zeuge zu sein, dann von der Reaktion darauf (wie auch immer sie sein mag) und schließlich von der Kette dieser Ursache-Wirkung-Beziehung.

21. Januar 1990

Es ist nicht der Mensch, der ein »höheres Bewußtsein besitzt«, sondern es ist genau dieses BEWUßTSEIN, das alle Formen im Universum erfüllt, das alle menschlichen Hüllen als Instrumente besitzt und durch sie wirkt – was wir das Leben nennen. Somit ist eine solche Transformation, wie sie in einer menschlichen *Form geschehen mag*, nicht die Leistung eines menschlichen *Wesens*, sondern es ist etwas, das geschieht, wenn es im Ablauf der Dinge so vorgesehen ist.

Spirituelle Lehrer haben uns unzählige Male gesagt, daß man es, solange man es will, nicht haben kann, doch sobald man alles aufgibt, kann man alles haben. Aber es bleibt die Frage: Wie gibt man das Wollen auf?! Was soll man dazu tun? Die Falle dabei ist, daß hinter jeder Entscheidung das Wollen steht und somit diese Handlung durchdringt. Dieses Wollen loszulassen kann nur geschehen!!

Wenn wir mit den mystischen Welten, die jenseits unserer Kontrolle liegen, in Zwiesprache sind – wenn die Zwiesprache geschieht –, dann *wird* durch unsere begrenzte Persönlichkeit die Arbeit *erledigt werden*. Das Unbegrenzte arbeitet durch unsere begrenzte Persönlichkeit, es verwandelt uns in neue Menschen. Wir können uns selbst nicht in einen neuen Menschen verwandeln.

Die Briefe

24. Januar 1990

Die wahre Transformation kann erst beginnen, wenn wenigstens ein Schimmer von zumindest intellektuellem Verstehen erscheint (was sich *möglicherweise* im Laufe der Zeit zu einem intuitiven Erfassen intensiviert), daß es etwas von einer völlig anderen Dimension gibt, das die Quelle aller Gedanken und des Denkens ist: Bewußtsein, das immer unter allen Umständen und Gegebenheiten gegenwärtig ist, das die Basis aller Existenz ist und existiert, seit die Existenz begann. Es ist dieses Bewußtsein, das auch im Tiefschlaf vorhanden ist und das es Dir ermöglicht, nach dem Aufwachen zu sagen, daß Du gut geschlafen hast.

Transformation bedeutet, die Totalität aller Formen zu transzendieren – beide, Körper und Verstand –, die den psychosomatische Organismus darstellen, die Milliarden und Milliarden, durch die das Bewußtsein, die Urenergie als das Leben, wie wir es kennen, abläuft.

Postskriptum

Nachdem die Schüler eine gewisse Zeit mit Ramesh im Dialog verbracht oder Seminare besucht oder auch Bücher über Advaita gelesen haben, stellte sich heraus, daß eine große Anzahl von ihnen ganz bestimmte Fragen stellten, auf die ihnen eine bestimmte Antwort gegeben wurde. In einem seiner Briefe beschreibt Ramesh einen solchen Vorfall:

»*Was soll ich tun, nachdem ich die Lehren verstanden habe? Wie lebe ich weiterhin in der Welt?*«
»Du *tust* überhaupt nichts, und Du *läßt auch nichts bleiben*. Du läßt ganz einfach geschehen, was geschieht, ohne das Gefühl, etwas getan zu haben. Mit anderen Worten ausgedrückt: ›Du‹ tust ganz genau das, was Du bislang auch getan hast, doch ohne das Gefühl, daß ›Du‹ etwas getan hast. Alles, was geschieht, wird lediglich als Zeuge wahrgenommen, ohne daß ein ›Ich‹ beurteilt oder vergleicht.«

Man kann diese Frage und die Antwort auf verschiedenste Weise betrachten. Ramesh sagt jedoch häufig, wenn der Schüler die Lehren *wirklich* verstanden hätte, dann wäre die Frage erst gar nicht aufgetaucht, da, wie seiner Antwort zu entnehmen ist, aus dem wahren Verstehen kein Gefühl entstehen könnte, daß irgend jemand etwas tut. Andererseits soll dies in keinster Weise bedeuten, daß der Schüler es hätte besser wissen und nicht eine solche Fragen stellen sollen, denn auch hier wird in der Antwort erklärt, daß dieser Frage, so wie jedem anderen Ereignis, einfach gestattet wird, zu geschehen.

Vielleicht sind Sie, der Leser dieses Buches, zu einem Punkt gekommen, wo eine solche Frage aufgetaucht ist. Der Sinn dieses

Postskriptum

»Postskriptums« ist es, dieses ganz bestimmte Bedürfnis zu befriedigen und Ihnen wichtige Auszüge aus dem Inhalt dieses Buches darzubieten. Auch wenn Sie keine Fragen haben, kann das Folgende als eine Zusammenfassung der Essenz der Lehren von Vorteil sein.

Es könnte hilfreich sein, sich einige der verschiedenen Konzepte, die die Lehren ausdrücken sollen, durch den Kopf gehen zu lassen, doch sollte man dabei nicht vergessen, daß es ihre einzige Funktion ist, unsere Aufmerksamkeit auf die Eine Wahrheit zu lenken.

Zunächst werden die Erfahrungen eines Schülers für einen progressiven Prozeß gehalten. Es muß klargestellt werden, daß eine solche Interpretation nur dazu dient, um der Perspektive des Suchers Raum zu geben. Aus der Perspektive des Gurus gibt es einen solchen Prozeß nicht, es gibt noch nicht einmal einen Suchenden! Wenn am Ende der Schüler mit dem Guru »Eins« wird, wird dies die einzige Perspektive sein.

Inzwischen, zurück in der Relativität, scheint der Schüler Fortschritte auf ein Ziel hin zu machen. Ramesh hat geschrieben:

»Verstand und Intellekt müssen zu Beginn notwendigerweise benutzt werden, um das Was Ist zu verstehen. Dann wird der Intellekt seine eigenen Grenzen erkennen, und mit dieser Auslieferung geht der Intellekt allmählich in die Intuition über.«

Diese anfängliche Dominanz des Intellekts ist der Grund, warum Ramesh immer wieder Wege zeigt, um seinen Einfluß einzuschränken, selbst wenn das bedeutet zu versuchen, sich nicht an die Lehren zu erinnern! Nachdem Ramesh einige Zeit damit verbracht hat, seinen Besuchern in Bombay die Lehren zu vermitteln, empfiehlt er ihnen fast immer, »sich *nicht* an das zu erinnern, was sie gehört haben«. Der Grund dafür ist, daß es nicht die Worte sind, die in der Angelegenheit gehört (oder gelesen) wurden, sondern vielmehr das Verstehen, das sich aus dem Hören (oder Lesen) entwickelt. Doch gleichzeitig sagt er sogar: »Jeglicher Versuch, sich durch Anstrengung an dieses Verstehen zu erinnern, ist ein Hindernis!!« Die Schlüsselworte in diesem Satz sind »Anstrengung« und »Versuch«, denn sie beziehen sich auf den individuellen egoistischen Suchenden, der sich um ein intellektuelles Erfassen der Lehren bemüht.

Nun werden Sie sich als Leser wundern, wie Sie auf eine solche Aussage reagieren sollen. Bedeutet das also, wenn Gedanken über das, was der Guru gesagt hat, auftauchen, daß man jeglichen Versuch, sich an andere, bedeutsame Aspekte der Lehren zu erinnern, vermeiden sollte? Oder würde ein nicht-intellektueller Ansatz bedeuten, daß man dieses Buch nicht nochmals liest, da das als Versuch bezeichnet werden könnte, die Fähigkeit zu verstärken, sich an gewisse Elemente der Lehren zu erinnern?

Ramesh hat unzählige Male die Antwort auf diese Frage gegeben: »Tue genau das, wonach Du Dich fühlst.« Solche Worte sind an die Schüler gerichtet, doch sie spiegeln auch wider, was mit dem Guru geschieht. Wenn Ramesh also sagt, daß man sich nicht an das erinnern soll, was man gehört hat, dann sagt er dies, weil es genau das ist, was er fühlt, daß es zu tun ist, oder korrekter ausgedrückt, es ist genau das, worauf der Körper-Verstand programmiert wurde, es in dem Augenblick zu sagen. Bezüglich der Frage, was man in bezug auf die Lehren oder irgend etwas anderes tun sollte, hat Ramesh gesagt:

»Das einzige, was ›man‹ *tun* kann, ist, zuerst Zeuge des Ereignisses zu sein, dann Zeuge der Reaktion darauf (wie auch immer sie sein mag) und schließlich der Kette dieser Ursache-Wirkung-Beziehung.«

Was das nochmalige Lesen dieses Buches anbelangt, so hat Ramesh in seinen Briefen oft wiederholt, wie wichtig die Wiederholungen für die Übermittlung der Lehren sind, wie zum Beispiel:

»Von einem Punkt scheine ich so besessen zu sein, daß ich ihn immer wieder anführen muß – wenn es sein soll so lange, bis es irritierend wirkt!: Es gibt wirklich ›niemanden‹, der irgend etwas ›tut‹.«

Doch dann könnte man fragen: »Wenn es kein ›Ich‹ gibt, zu wem spricht der Guru dann?« Das ist genau die gleiche Frage, die Ramesh als Schüler gestellt hat:

Postskriptum

»In meinem Ringen mit Maharajs Lehre konnte ich intuitiv erkennen und sehen, was Maharaj in bezug auf die Illusion des mutmaßlichen individuellen Suchers sagte, der die mutmaßliche Befreiung vom mutmaßlichen Gefangensein sucht. Die Schwierigkeiten und das Ringen wurden vom Intellekt durch die Frage erzeugt: Wenn das Individuum eine Illusion, ein Konzept ist, an wen richtet Maharaj dann seine Fragen? Wer soll ›loslassen‹, oder wer soll ›einfach sein‹? ... Und eines Tages erkannte ich plötzlich, daß Maharaj diese Worte *nicht* an ›jemanden‹ adressierte. Er sagte lediglich, daß das Loslassen und das Nur-Sein der natürliche Zustand sind, den niemand herbeiführen kann, daß es den natürlichen Zustand nur deshalb gibt, weil das ›Ich‹ sich keinen unbefugten Zutritt verschafft, weil der angeblich ›Handelnde‹ dabei völlig abwesend ist. Dieses Verstehen selbst mußte spontan geschehen, denn ansonsten wäre unweigerlich die Frage aufgetaucht: ›Wie soll man das machen‹?«

Und wiederum kommen wir zum Herzstück der Lehren zurück, diesesmal in der Form von »Loslassen« und »Nur-Sein.« Da die Lehre des Advaita nicht die geringsten Ansprüche an den Suchenden stellt, könnte sie als die wohl gütigste und nachsichtigste Lehre bezeichnet werden. In der Tat, sie erlöst den Suchenden von allen Forderungen, die andere an ihn stellen und er selbst auch an sich. Im Advaita gibt es nicht den Anspruch, bestimmte Handlungen auszuführen, wie z. B. Zeremonien beizuwohnen, Opfer darzubringen und angenehme Aktivitäten aufzugeben, eine Anforderung, die oft von gewissen *Sadhanas* gestellt wird.

Trotzdem ist es eher die Regel als die Ausnahme, daß Schüler, die ernsthaft glauben dies verstanden zu haben, sich in Handlungen verlieren, oder Handlungen vermeiden und glauben, daß dies zur Erleuchtung führe. Hier berät Ramesh einen Korrespondenten:

»Du hast einen interessanten Punkt angeschnitten, in dem Du schreibst: ›Doch wenn ich ›erkunden‹ sage, dann zieht sich etwas zusammen, denn ich ›soll‹ doch nicht suchen.‹ Diese Mutmaßung gehört zum ›Ich‹, das versucht, die Lehre zu verstehen, nämlich daß es ›niemanden‹ gibt, der sucht. Was macht also das Ich? Es sagt zu sich selbst: ›Ich soll nicht suchen, also muß ich aufhören zu suchen.‹ In dieser Aufgabe der Suche sucht das ›Ich‹ weiterhin – nicht positiv sondern negativ. ›Suchen‹ und ›Aufhören-zu-Suchen‹ sind beides miteinander verbundene Gegensätze dessen, was das ›Ich‹ als ein angebliches Wesen vollbringt. Das wirkt wie eine Sackgasse, die nur aus der Sicht des ›Ich‹ als ein Handeln-der existiert. Werden die Lehren – daß die Suche, positiv oder negativ, erfolglos sein muß, da der angebliche Handelnde eine Illusion ist – *als solche* akzeptiert (nicht von einem individuellen Erfassenden), dann löst sich die Sackgasse zusammen mit dem ›Ich‹ auf. Mit der Auflösung oder der Hingabe des ›Ich‹ als ein Suchender oder Handelnder setzt eine gewisse Art von Euphorie ein, und was auch immer geschieht (zu suchen oder nicht zu suchen) wird lediglich als Zeuge wahrgenommen.«

Zu tun, was man glaubt als *Sadhana* auszuführen, könnte als der Widerstand des Egos gegen die Lehren bezeichnet werden. Auch dies schafft wieder die Voraussetzungen für die nächste Sackgasse, dem Widerstand zu widerstehen. Ramesh kommentiert das in einem weiteren Brief:

»Der Widerstand gegen die vereinigende Erfahrung kann nicht abgewehrt werden. Auch hier: Von wem? Er kann nur ohne Widerstand betrachtet oder bezeugt werden, ohne irgend etwas damit tun zu wollen. Anders ausgedrückt, liegt die Antwort darin, dem Widerstand keinen Widerstand zu bieten, sondern lediglich seine Existenz in passiver Weise wahrzunehmen. Es ist das Ego, das dem Widerstand widersteht und zur gleichen Zeit zerrt und drückt, was nur in Frustration enden kann.«

Wenn der Ausdruck »*Sadhana*« im Advaita benutzt wird, dann bezieht sich das nicht auf irgendwelche Ansprüche oder Forderungen, sondern auf die spirituelle Praxis des Gewahrseins der Gewahrsamkeit. Dieser Zustand wird oft als das »ICH BIN« oder das »Zeugesein« bezeichnet. In der frühen Phase glaubt der Suchende, daß er es ist, der große Anstrengungen macht, um diesen Zustand

Postskriptum

zu erreichen und in ihm zu verweilen. Es ist interessant zu beobachten, daß (außer solche Instruktionen wie: »Wende Dich nach innen«) Gurus des Advaita keine speziellen Anweisungen geben, wie man sich des Gewahrseins gewahr werden kann, denn was geschieht, ist praktisch nicht zu erklären. Viel wichtiger ist, daß es unweigerlich von alleine geschehen wird, sobald sich das Verstehen entwickelt. Und sobald das Verstehen wächst, beginnt der Schüler die Idee »loszulassen«, daß er es ist, der die Aktivitäten und Handlungen, die mit »seinem« Körper-Verstand verbunden sind, und den Eintritt in das ICH BIN entscheidet und lenkt.

Es ist diese Hingabe des Intellekts, des egoistischen Verstandes auf die der Guru stets die Aufmerksamkeit seiner Schüler zu lenken versucht. Selbstverständlich kann er seine Schüler nicht anweisen »aufzugeben« (auch wenn es manchmal so aussieht), denn niemand kann das vollbringen. Es kann nur als eine natürliche Entwicklung innerhalb der Totalität geschehen, und was der Guru sagt, ist ein grundlegendes Element im Verlauf dieser Entwicklung. Ramesh hat einem der Menschen, mit denen er in Briefkontakt steht, geschrieben, was man als die Basis dieser Handlungen bezeichnen könnte:

»Die phänomenale Konditionierung von *Maya* ist so stark, daß das ununterbrochene Bombardement des Gurus vonnöten ist, um es aufzubrechen.«

Zum Schluß einige Worte über den Begriff »Liebe.« Im Advaita scheint dieses Konzept völlig ignoriert zu werden. Dafür gibt es zwei Gründe: Erstens haben die Lehren nichts mit dem zu tun, was normalerweise als Liebe bezeichnet wird. Zweitens ist LIEBE nur ein anderer Ausdruck für Bewußtsein, Präsenz, ICH-BIN-Zustand, Mitgefühl oder das EINS-SEIN, so wie es Ramesh in einem Brief erklärt hat:

»Es ist eine Tatsache des Lebens in dieser Welt, daß ›Liebe‹ etwas ist, das man vorzeigen kann wie zum Beispiel gute Manieren. Wahre Liebe ist tatsächlich nicht demonstrierbar. Selbst relativ gesehen: Was ist die Liebe zwischen einem Mann und einer Frau?

Erleuchtende Briefe

Wenn sich jemand sehr stark zu jemand anderem hingezogen fühlt, dann würde wahre Liebe ihm oder ihr erlauben, den anderen gehen zu lassen, ohne das Gefühl, ein großes Opfer zu bringen! Relativ betrachtet, bedeutet wahre Liebe: ›Du möchtest mich wegen jemand anderem verlassen. In Ordnung, Du kannst gehen, denn ich liebe Dich, und ich möchte Dir gestatten, zu haben, was Du begehrst‹, ohne irgendein Gefühl von Angst, Hoffnung oder Verlust.

Doch was ist LIEBE wirklich, nicht relativ betrachtet? LIEBE ist die Freude des Daseins, nicht als ›Ich‹, sondern als ICH BIN; Dasein als solches von Augenblick zu Augenblick, nicht in Dauer. In Dauer wird die LIEBE zur persönlichen Emotion. LIEBE kann weder persönlicher noch unpersönlicher Natur sein; LIEBE kann nicht praktiziert, kultiviert oder erzeugt werden. LIEBE kann nur geschehen, und dann ist es nicht die mickrige, affektive Liebe!«

»Es ist nicht leicht, von der ständigen Frage loszukommen: ›Ich habe das verstanden, doch was soll ich jetzt tun?!‹ Die Antwort ist: Tue, was auch immer dir in den Sinn kommt – lebe, als ob du erleuchtet wärest. Dann kommt plötzlich von allein die Antwort, daß das Leben genauso abläuft, wie es soll, ungeachtet dessen, was das illusionäre Individuum denkt, daß ›es‹ tut!!«

»Wenn mich jemand hier in Bombay besucht, nachdem er seine Hausaufgaben zu einem gewissen Grad gemacht hat, wenn er sehr von dem gemeinsamen Gespräch beeindruckt ist und mich beim Abschied fragt, was er tun soll, wenn er nach Hause zurückkehrt, dann sage ich ihm fast immer, daß er sich möglichst *nicht* an das erinnern soll, was er gehört hat, um dem Verstehen Zeit zu geben, ohne Einmischung des Intellekts tiefer vom Verstand zum Herzen einzusinken. Doch dann kommt die Antwort, daß er es vielleicht vergißt, und ich antworte darauf, daß dies genau das ist, was geschehen soll – das ›Ich‹, der gespaltene Verstand, muß sich tatsächlich selbst vergessen.«

»Dieses Verstehen ist alles, das nötig ist – ›Taten‹ sind nicht notwendig. ›Wer‹ könnte die Taten vollbringen? Solange beabsichtigte Handlungen ausgeführt werden, gibt es ein ›Ich‹, und wo ein ›Ich‹

Postskriptum

ist, da sind auch ›andere.‹ Allein dieses Verständnis ist notwendig. Man braucht sich noch nicht einmal daran zu erinnern! Jeder Versuch, sich daran zu erinnern, ist ein Hindernis!! Laß es einfach in Ruhe, und das Verstehen wird *die Ergebnisse bringen*. Du mußt darauf vertrauen, daß es wirken wird.«

»Wenn Du keinen starken Drang zu schreiben verspürst, dann laß es sein. Es wird nicht mißverstanden werden. Tue und tue nicht, ganz Deinem Gefühl entsprechend. DU bist nicht derjenige, der es tut.«

»Schreibe, wann immer Du Dich danach fühlst, doch nur dann. Niemand schuldet irgend jemandem irgend etwas. Es kommt alles von INNEN.«

»Es ist der Körper-Verstand-Mechanismus, der ein Objekt *erfahren will*, das man ›Liebe‹ nennt. Doch es ist eine Tatsache, daß nichts außer dem Bewußtsein existiert, der Einheit, die selbst die LIEBE ist. Das Gefühl, sich selbst lieben zu wollen, bedeutet Dualismus: ›Jemand‹, der jemand ›anderen‹ lieben will. Dieser Wunsch erschafft den Dualismus und damit all das Elend. Tatsächlich ist es der Wunsch, Liebe zu erfahren, der die LIEBE verhindert. LIEBE existiert immer. Man braucht sie nicht zu suchen oder erfahren zu wollen.«

»Es ist dieses Gefühl von LIEBE, *das aufsteigt*, welches das Universum zusammenhält – es ist ein spontanes Aufsteigen, völlig losgelöst von der ›Anweisung‹, Deinen Nächsten zu lieben. Liebe wird nicht auf Bestellung geliefert!«

»Spirituelle Lehrer haben uns unzählige Male gesagt, daß, solange Du es willst, Du es nicht haben kannst, doch sobald Du alles aufgibst, kannst Du alles haben. Aber es bleibt die Frage: Wie gibt man das Wollen auf?! Was soll man dazu tun? Die Falle dabei ist, daß hinter jeder Entscheidung das Wollen steht und dadurch diese Handlung durchdringt. Dieses Wollen loszulassen kann nur geschehen!!«

»Dein Zustand ist Teil der Charaktermerkmale, mit denen Dein Organismus geboren und erschaffen wurde. Du als solches hattest nichts damit zu tun – Du hattest in dieser Angelegenheit keine Wahl. Und der Organismus kann nicht anders, als die Dinge entsprechend der angeborenen Charaktermerkmale geschehen zu lassen, was auch immer die Konsequenzen sein mögen: gut, schlecht oder indifferent.

Mein Rat an Dich ist, in der Angelegenheit völlig ›neutral‹ zu bleiben. Sei lediglich Zeuge der Situation, der Gefühle, die aufkommen, der mentalen Reaktionen. Fahre fort als Zeuge wahrzunehmen. Unternimm keine Aktivitäten auf die eine oder andere Weise. Was auch immer geschehen soll, wird geschehen.«

»Solange der Körper-Verstand-Mechanismus funktioniert, muß es gelegentlich auf die eine oder andere Art von Leid geben. Doch wenn man lediglich Zeuge davon ist, verschwindet es auch schnell wieder, und man ist belustigt darüber, daß es überhaupt entstanden ist!«

»... Deine Reaktion – und die Reaktion von allen, die damit zu tun haben – unterliegt ebenfalls nicht Deiner Kontrolle. Die Reaktion auf dieses Ereignis, die ebenfalls Teil des Ablaufs der Totalität im gegebenen Augenblick ist, führt wiederum zu weiteren Ereignissen in diesem Traum, den wir das Leben nennen.«

»Was auch immer im Leben geschieht – und welche Reaktionen auch immer auf diese Ereignisse geschehen –, man kann nur Zeuge sein. Wie Du auch hier gesagt hast: Was kann man sonst machen? – als den Verstand nicht abschweifen zu lassen (und Vorstellungen zu erschaffen) davon, was während des Tuns geschieht. Und selbst dieses Abschweifen kann bezeugt werden. Jedoch schneidet dieses Zeugesein das Konzeptualisieren ab.«

»Zu verstehen, daß Zeit oder Dauer in ihrer Essenz Veränderung bedeuten, und daß somit die Erwartung von Sicherheit auf Dauer eine Illusion ist, ist der erste Schritt, den momentanen Augenblick zu akzeptieren – hier und jetzt – als die einzige Rea-

Postskriptum

lität, in der die vereinigende Erfahrung geschieht. Solch eine Akzeptanz schneidet die Bewegung, die weg von der Erfahrung geht, ab, und eine jede solche Erfahrung schneidet die Bewegung, die weg vom momentanen Augenblick, hinein in die Angst und Hoffnungen der Zukunft geht, ab. Solch ein Verbleiben im momentanen Augenblick bedeutet, ohne Verwicklung Zeuge des vorüberziehenden Schauspiels in Zeit zu sein, ohne zu vergleichen und zu urteilen, ohne das Was Ist im augenblicklichen Moment verändern zu wollen.

Es geschieht nichts, außer dem, was geschehen soll – die vermeintlichen Individuen sind lediglich Charaktere in dem Geschehnis – in jedem Geschehnis. Es gibt niemanden, dem die Verantwortung dafür zugeschrieben werden könnte und niemanden, der darauf stolz sein könnte – genauso gibt es kein Problem der Schuld oder irgendeines Fehlverhaltens. Zu jedem gegebenen Zeitpunkt ist alles, was sich manifestiert hat, genau richtig. Wird dies zutiefst verstanden, dann wird jeder Augenblick willkommen geheißen, und, was immer dieser Moment auch bringt – ›gut‹ oder ›schlecht‹ –, wird ohne zu urteilen akzeptiert, ohne Erwartung oder Angst. Es ist diese Haltung von Akzeptanz, die wahre Freiheit bedeutet, die Freiheit von Erwartungen und Begierden, die Freiheit von Angst und Spannungen. Wird das zutiefst verstanden, dann kümmert man sich nicht darum, was geschieht, welche Gedanken erscheinen oder welche Ereignisse geschehen oder welche Gefühle auftauchen – es wird alles vom Zeugen wahrgenommen.«

»Wenn das Verstehen zu ›wirken‹ beginnt, und sei es auch nur auf der intellektuellen Ebene, dann ist eines der größten Hindernisse, daß andere sehr schnell bemerken, daß etwas Ungewöhnliches (von ihrer eigenen Perspektive aus betrachtet) geschieht, und sie fühlen sich von der neuen Persönlichkeit fasziniert und angezogen. Der Haken ist, daß der sich neu entwickelnden Persönlichkeit die Rolle des ›weisen Mannes‹ in diesem Kreis gefällt, und das verhindert selbstverständlich, daß das Verstehen Wurzeln schlägt und blüht. Und auch dies ist ein Teil des Ablaufs der Totalität.«

Erleuchtende Briefe

»Es ist erstaunlich, daß das Ego immer noch durchdringt, selbst wenn das Verstehen einigermaßen gefestigt ist, denn der ›Friede vom Verstand‹, der ursprünglich angestrebt wurde, und der tatsächlich mit dem Verständnis des momentanen Augenblicks geschieht, wurde als ein Objekt betrachtet. Das Ego, das noch nicht vollständig zerstört worden ist, fängt an zu schimpfen, daß das ›Verstehen‹, auch wenn es eine gewisse Stabilität in der Einstellung zum Leben erzeugt hat, gleichzeitig das Ausmaß, die guten Dinge des Lebens genießen zu können, beschnitten habe. Mein Vorschlag ist wiederum, vom Aufsteigen der Unzufriedenheit des Ego lediglich Zeuge zu sein und nichts damit machen zu wollen.«

»Was im Moment geschieht, ist, daß Du die Urquelle der Energie – der Kraft – entdeckt hast; egal welchen Namen man ihr gibt, das Wort BEWUßTSEIN faßt sie alle zusammen. Wenn das ›Ich‹ diese Kraft verdeckt oder überlagert (und auch das ist eine Funktion der Totalität, die nicht ›verworfen‹ sondern lediglich verstanden und ›akzeptiert‹ werden sollte), dann erscheint sie zum richtigen Zeitpunkt in ihrem eigentlichen Glanz in der Form von ›Zeugesein‹. Wenn sie zum erstenmal auftaucht, dann scheint sie wie ein Wunder – ein unbezahlbares Geschenk vom Guru –, und ›Du‹ bist davon so überwältigt und gerührt, daß Du tatsächlich nicht weißt, was Du tun sollst.«

»In diesem letzten Augenblick des ›Erwachens‹ lösen sich der ›Sehende‹ und das ›Gesehene‹ als solches auf, und es verbleibt nur das ›SEHEN‹ – der Sehende und das Gesehene sind in gewissem Sinne horizontal, denn beide existieren scheinbar im Verstand, während SEHEN vertikal im nicht-gespaltenen Verstand ist (nicht im Dualismus von Sehendem und Gesehenem), und somit ist es subjektiv, nirvanisch. Der Moment des Erwachens muß notwendigerweise plötzlich geschehen, denn *Samsara* und *Nirvana* sind verschiedene Zustände des Seins, und es kann keine Brücke zwischen ihnen geben. Sobald Erwachen geschieht – es kann nicht erreicht werden –, bekommt die Wahrnehmung eine neue Dimension, und die Phänomene werden als die Subjektivität erkannt, während sie früher als Objekte betrachtet wurden.«

Postskriptum

»Die Frage ist dann normalerweise: ›Was kann man da machen?‹ – und die Antwort ist: ›Wer sollte was tun?‹ Was auch immer geschieht, ist ein Teil des Ablaufs der Totalität: Die Suche selbst ist ein Teil davon – der erste Anfang, der verschlungene Weg durch eine Menge ›Mißerfolge‹ und Frustrationen und schließlich das lächerliche Ereignis, das in völliger Freiheit und Gelächter gipfelt!«

»Nun kannst Du also verstehen, was Du bereits GEWUßT hast – daß all die Schriften, Traditionen und Weisheiten der Jnanis und Heiligen keine Substanz besitzen, außer als eine Aspirin für die Kopfschmerzen des *Samsara*. Maharaj pflegte zu sagen: ›Es ist nichts weiter als ›Unterhaltung‹, wenn man die wahre Situation erkennt.‹ Wie Ramana Maharshi so richtig sagte:

›Es gibt keine Schöpfung, keine Auflösung,
Keinen Weg, kein Ziel,
Keine Bestimmung, keinen freien Willen.‹«

Glossar

Advaita	Nicht-Dualität; kein »Ich« und die anderen; die Doktrin des Monismus, die dafür eintritt, daß nur das Bewußtsein existiert und daß alle phänomenale Existenz eine Illusion ist.
Ashram	Ein Ort, an dem Gurus mit ihren Schülern leben.
Ashtavakra Gita	Die Geschichte von Ashtavakra, einem früheren Guru des Advaita und seinem sehr »reifen« Schüler, König Janaka, übersetzt aus dem Sanskrit, nacherzählt und kommentiert von Ramesh im *Duett der Einheit*.
Bhagavad Gita	Die Geschichte des Göttlichen Gurus Krishna und seines königlichen Schülers Arjuna.
Bhagavan	Der Erhabene; ein Name für Gott, der seine unumschränkte Größe offenbart. Wörtlich: »bhagavat«: Glanz, Erhabenheit besitzend.
Bhajan	Gottergebene Lieder.
Brunton, Paul	Der Autor von *Von Yogis, Magiern und Fakieren*, das Buch, das Ramana Maharshi um 1930 den Menschen im Westen bekannt machte.
Darshan	Das Sehen einer heiligen Persönlichkeit.

Goswami, Amit	Professor der Physik am Institute of Theoretical Sciences an der Universität von Oregon. In seinem letzten Buch, *The Self-Aware Universe*, deutet er an, daß das Bewußtsein und nicht die Materie als die grundsätzliche Realität anzusehen der passendste Zugang sei, um die offensichtlichen Widersprüche der Quantenphysik zu verstehen. (Siehe Bibliographie)
Guru	Spiritueller Lehrer, Präzeptor.
Ishwara	Herr, Meister, der Mächtige und Allgewaltige. Gott in seiner herrschaftlichen Gestalt.
Janaka	Siehe *Ashtavakra Gita*.
Jiva	Die individuelle Seele; die falsche Identifikation mit dem Körper-Verstand; das Gefühl, der Handelnde zu sein; das Ego.
Jnana	Das Wissen vom Selbst.
Jnani	Jemand, der das Selbst realisiert (erkannt) hat, oder genauer gesagt der Körper-Verstand, in dem die Realisierung (das Erkennen) geschehen ist.
Kovalam Beach	Der Ort im Bundesstaat Kerala, Südindien, wo Ramesh zweiwöchige Seminare in den Jahren 1988, 1989, 1990, 1993 und 1994 von Ende Februar bis Ende April gegeben hat.
Lila	Spiel, Sport; den Kosmos als Göttliches Spiel zu betrachten.
Maharaj	Nisargadatta Maharaj, gestorben 1982, war Rameshs Guru.

Mahavakya	Eine der vier großen Verkündungen, die die Wahrheit des Selbst kundtun, wie z. B.: »Das bist Du.«
Mantra	Beschwörung, »Zauberformel«; ein Gedankeninstrument; idealer Ton; ein Wort oder mehrere Worte, dessen konstante Wiederholung ganz bestimmte Ergebnisse erzeugt, wie z. B. den Verstand ruhig werden zu lassen.
Marathi	Die indische Hauptsprache des Bundesstaates Maharashtra und seiner Hauptstadt Bombay.
Maui	Eine Insel des Bundesstaates von Hawaii.
Maya	Irrglaube; die verschleiernde Macht, die das Wirkliche verbirgt und das Unwirkliche projiziert.
Moksha	Emanzipation; Befreiung von der weltlichen Existenz.
Myrobalam	Eine tropische Frucht aus Asien.
Namaste	Ein Gruß und ein Zeichen von Respekt, in dem man die Handflächen zusammenführt.
Nirvana	Befreiung; die Vernichtung individueller Existenz.
Paan	Eine Art der Zubereitung der Betelnuß.
Paravritti	Die Endgültige Veränderung des Verstandes; Metanoia.
Ramakrishna	Der erste indische Guru, der im Westen im 19. Jahrhundert recht bekannt wurde.

Ramana Maharshi	Ein Guru des Advaita, der in Südindien lebte und 1950 starb.
Ramanasramam	Der Ashram in Südindien, der um Ramana Maharshi herum entstand.
Sadguru	Der Wahre, Spirituelle Lehrer; das Selbst.
Sadhana	Spirituelle Praktiken.
Sahaja Sthiti	Der Natürliche Zustand; zusammengesetzt aus: *Sahaja* = eingeboren, innewohnend und *Sthiti* = Kontinuität, Erhaltung.
Samsara	Das Intervall der Existenz; die Durchreise der Seele im Zyklus von Geburt und Tod.
Sankalpa	Intention; Gedanke; Entschlossenheit.
Sat-chit-ananda	Sein-Bewußtsein-Glückseligkeit.
Siddhi	Übernatürliche Leistung oder Kraft.
Sufi	Das Mitglied einer islamischen, mystischen Sekte.
Sutra	Bezeichnung für eine kurze Regel oder einen Aphorismus.
Upanishaden	Die heiligen Schriften, auf denen »Vedanta« basiert.
Vedanta	Eine hinduistische Philosophie, die hauptsächlich auf den altertümlichen Texten der Upanishaden basiert. Ein Zweig dieser Philosophie nennt sich »Advaita Vedanta«.

Bibliographie

Balsekar, Ramesh S.: *Pointers From Nisargadatta Maharaj.* Chetana, Bombay 1982.
Balsekar, Ramesh S.: *Experience Of Immortality.* Chetana, Bombay 1984.
Balsekar, Ramesh S.: *Explorations Into The Eternal.* Chetana, Bombay 1984.
Balsekar, Ramesh S.: *Experiencing The Teaching.* Advaita Press, Redondo Beach, Kalifornien 1988. Deutsche Ausgabe: *Die Lehre erleben.* Lüchow, Freiburg i. Br. 1994.
Balsekar, Ramesh S.: *A Duet Of One.* Advaita Press, Redondo Beach, Kalifornien 1989. Deutsche Ausgabe: *Duett der Einheit.* Context Verlag, Bielefeld 1991.
Balsekar, Ramesh S.: *The Final Truth.* Advaita Press, Redondo Beach, Kalifornien 1989.
Balsekar, Ramesh S.: *From Consciousness To Consciousness.* Advaita Press (Zweite Auflage), Redondo Beach, Kalifornien 1989. Deutsche Ausgabe: *Erleuchtende Briefe.* Lüchow, Freiburg i. Br. 1994.
Balsekar, Ramesh S.: *Letters from Ramesh.* Privat veröffentlicht 1990. Deutsche Ausgabe: *Erleuchtende Briefe.* Lüchow, Freiburg i. Br. 1994.
Balsekar, Ramesh S.: *Consciousness speaks.* Advaita Press, Redondo Beach, Kalifornien 1992. Deutsche Ausgabe: *Erleuchtende Gespräche.* Lüchow, Freiburg i. Br. 1994.
Balsekar, Ramesh S.: *Consciousness Writes.* Privat veröffentlicht 1993. Deutsche Ausgabe: *Erleuchtende Briefe.* Lüchow, Freiburg i. Br. 1994.
Brunton, Paul: *Von Yogis, Magiern und Fakieren.* Knaur Tb., München 1983.

Bibliographie

Goswami, Amit: »Consciousness In Quantum Physics And The Mind-Body-Problem«. In: *The Journal of Mind and Behavior*, Vol. 11, No. 1 (1990), S. 75–96.

Goswami, Amit: *The Self-Aware Universe*. G. P. Putnam's Sons, New York 1993. Deutsche Ausgabe erscheint im Herbst 1995 im Verlag Alf Lüchow.

Nagamma, Suri: *Letters From Sri Ramanasramam*. Sri Ramanasramam, Tiruvannamalai 1985.

Nisargadatta Maharaj: *I Am That*. (engl. Ausgabe: Übersetzer – Maurice Frydman; Herausgeber – Sudhakar S. Dikshit) Acorn Press, Durham, North Carolina 1982. Deutsche Ausgabe in Ausschnitten: *ICH BIN ...* Context Verlag, Bielefeld 1989.

Ramana Maharshi: *The Collected Works Of Ramana Maharshi*. (Herausgeber: Arthur Osborne). Rider and Company, London 1972.

Ramana Maharshi: *Gespräche des Weisen vom Berge Arunachala* (zusammengestellt von M. Venkataraman). Ansata, Interlaken 1984.

Toben, Bob und Fred Alan Wolf: *Raum-Zeit und erweitertes Bewußtsein*. Synthesis, Essen 1981.

Wei Wu Wei (Gray, Terrence): *The Open Secret*. Hong Kong University Press, Hong Kong 1965. Erscheint demnächst im Verlag Bruno Martin in deutscher Sprache.

Ramesh S. Balsekar, 77 Jahre alt, ehemaliger Schüler von Sri Nisargadatta Maharaj, hält jedes Jahr einen zweiwöchigen Diskurs in Südindien.

Informationen über die Termine erhalten Sie gegen einen frankierten Rückumschlag (DIN A5) vom Verlag Alf Lüchow, Postfach 1751, 79017 Freiburg.

RAMESH S. BALSEKAR
im Verlag Alf Lüchow

Die Lehre erleben
ISBN 3-925898-28-X
160 Seiten - kartoniert

Erleuchtende Gespräche
ISBN 3-925898-25-5
416 Seiten - kartoniert

Erleuchtende Briefe
ISBN 3-925898-27-1
192 Seiten - kartoniert

Video
Gespräche in Kovalam/Südindien
ISBN 3-925898-44-1
8 Videos mit je ca. 3 Stunden Laufzeit

Deutsche Übersetzung
in Vorbereitung für Frühjahr 1996
The Final Truth

Stephen Wolinsky
mit Margaret O. Ryan

Die alltägliche Trance

Heilungsansätze in der Quantenpsychologie

Wie wird die individuelle Wirklichkeit geschaffen? Wie werden unsere Symptome und Probleme über Jahrzehnte hinweg erschaffen und erhalten?

Dr. Stephen Wolinsky integrierte die *östliche Philosophie*, die westlichen psychotherapeutischen Ansätze von *Milton H. Erickson* und die *Quantenphysik* in bahnbrechender Weise und schuf damit höchst originelle Antworten.

Durch Bündel von Trance-Zuständen, die von uns erschaffen werden, erleben wir Probleme wie zum Beispiel chronische Angstzustände, phobische Reaktionen, zwanghafte und obsessive Verhaltensweisen, sexuelles Fehlfunktionen, gestörtes Eßverhalten und das wiederholte Scheitern unserer Beziehungen. Diese problematischen Trance-Zustände stammen aus unserer Kindheit, in der sie dazu dienten, das Kind zu bewahren und zu schützen. Sie werden vom verzweifelten Kind auf »Automatik« geschaltet und funktionieren in den meisten von uns bis in unser Erwachsenenleben hinein.

Therapeuten, als auch Leser, die in keinem Heilberuf tätig sind, finden bemerkenswert handfeste Methoden, um die Art zu ändern, mit welcher sie bisher die Erfahrung ihrer Welt erschaffen haben.

DIE ALLTÄGLICHE TRANCE wurde als *»bahnbrechende Arbeit«* (John Bradshaw) bezeichnet, als *»Geschichte machende Psychotherapie ... eine transzendente Erfahrung«* (Carl Whitaker), als *»revolutionär«* (Carl Ginsburg). Es enthält eine Goldmine an Ressourcen für Inzest-Überlebende, für jene, die an den destruktiven Verhaltensmustern der Sucht leiden und für jeden, der sich in wenig wünschenswerten emotionalen oder verhaltensmäßigen Zuständen befindet. Wenn wir lernen, aus unseren selbst-erschaffenen Trance-Zuständen herauszutreten, dann lernen wir, in die Gegenwart einzutreten – in unseren natürlichen »trancelosen« Zustand, in dem wir einen unbehinderten Bewußtseinsfluß erfahren.

»Diese faszinierenden Trance-Geschichten aus dem Alltagsleben als auch aus dem Behandlungsraum nähren das Gefühl für das Wunder und die Kreativität, die die einzige Hoffnung für die menschliche Gesellschaft sind.«
Dr. Ernest L. Rossi

»Dieses Buch ist nicht nur für Psychotherapeuten, es ist für all diejenigen von uns, die sich danach sehnen, einen Sinn in unser Leben und in unsere Welt zu bringen.«
Ron Kurtz, Begründer der Hakomi Therapie

302 Seiten, kartoniert. ISBN 3-925898-17-4

QUANTENBEWUSSTSEIN
Das experimentelle Handbuch der Quantenpsychologie

von Dr. Stephen Wolinsky

Der Autor von *Die alltägliche Trance: Heilungsansätze in der Quantenpsychologie* hat ein neues Buch herausgebracht: einen schrittweisen Führer in die tieferliegende Einheit des Quantenbewußtseins. Dr. Stephen Wolinsky gibt uns über 80 Übungen an die Hand, um den Quantenansatz an Problemlösungen zu erforschen und zu erfahren. Dieses Abenteuer kann man allein, zu zweit oder in einer Gruppe unternehmen; es führt uns in neue Welten und überschreitet die Grenzen der weitreichendsten gegenwärtigen psychologischen Überlegungen.

Dr. Stephen Wolinsky hat eines der interessantesten und anregendsten psychologischen Konstrukte seit Abraham Maslow geschaffen. **Colin Wilson**

*Sie werden **Quantenbewußtsein** übervoll finden – reich an hilfreichen Übungen und an Einsichten, die oft auf den eigenen Erfahrungen von Dr. Wolinsky basieren. Sie werden Techniken begegnen, um das Bewußtsein in jenen Situationen zu ändern, in denen feste Wahrnehmungsmuster die Menschheit viel zu lange in den Höhlen der Nicht-Erleuchtung gefangen hielten.* **Dr. Fred Alan Wolf**

Dr. Stephen Wolinsky hat hier einen gewaltigen Schritt nach vorn getan: in die spurlose Leere des Quantenbewußtseins – wo die Welt als vibrierende Möglichkeit erfahren wird. **Dr. Nick Herbert**

*Dieses Buch basiert auf einer einfachen, aber profunden Wahrheit: die Art und Weise, wie das Universum funktioniert, enthält wichtige Erkenntnisse darüber, wie der menschliche Geist arbeitet. Dr. Wolinsky wendet die Lektionen der modernen Physik auf eine orginelle, praktische und erregende Weise auf die Psychologie an. Heute suchen Physiker eine Theorie, die alles umfaßt. Hat Wolinsky die Psychologie entdeckt, die alles umfaßt? Dieses Buch bringt die Psychologie – auch wenn sie dabei um sich tritt und schreit – auf den Stand der Wissenschaft des zwanzigsten Jahrhunderts – eine Entwicklung, die schon lange überfällig war. **Quantenbewußtsein** ist ein wesentlicher Beitrag, der die gesamte Psychologie neu beleben könnte.*

Dieses Buch ist ein Weckruf an alle Disziplinen, einschließlich der Medizin, die sich mit menschlichen Wesen und deren Problemen befassen. Es zeigt, daß wir nicht als Zuschauer am Spielfeldrand der Physik des 20. Jahrhunderts sitzen und dieses tiefe Wissen ignorieren können; dessen Implikationen sind einfach viel zu tief, zu reich und zu wichtig für das Wohlbefinden der Menschen, als daß man sie übersehen könnte. **Dr. Larry Dossey**

296 Seiten, kartoniert · ISBN 3-925898-18-2